赤坂版「クラス会議」バージョンアップガイド

みんなの思いがクラスをつくる！

赤坂 真二

ほんの森出版

はじめに

そろそろ教室実践レベルで子どもたちの幸せについて議論しませんか。

言うまでもなく、世の中は激変のときを迎えています。私たちの国はグローバル化の波に洗われながら、人口減少時代を歩んでいます。いままで当たり前だったことは、どんどんそうではなくなっていきます。しかし、その変化には普段は気づきません。見えないところでじわりじわりと確実に進行していきます。そして、あるとき一気に顕在化するのです。それはちょうど、お風呂にお湯を溜めていて、何かに気をとられていたらあふれていた、という状況に似ています。

子どもたちが将来なりたいと思った職業が機械にとって代わられ、仕事に就きたくともそれなりの力がないと、アルバイト程度の仕事しかなく、グローバル化の流れのなかで、いままで日本人だけでしていた仕事を外国人と一緒にすることになるでしょう。それは、観光地で触れあう国際交流といったレベルではなく、利害関係のある高度で込み入った関係になります。また、「豊かな老後を」などというものは、定年の延長で古き良き時代の話になるでしょう。そして、同時にあちこちで、人口減少による地方都市の消滅が起こり、ふるさとがなくなってしまうかもしれません。これらは、すべて仮定の話ですが、「あり得ない話」でもありません。

学校や親、そして大人たちは、いま、本当に社会をつくる力をもった子どもたちを育てることが必要なときにきているのではないでしょうか。しかし、教育を顧みたときに、そうなっているかという と首を傾げたくなる現状も多々見聞きします。

確かに近年の学力向上への取り組みによって、子どもたちは勉強ができるようになったかもしれません。しかし、一方で、いじめ、不登校、そして機能不全に陥る学級、つまり、学級崩壊の問題など、学校教育における問題は依然として有効な解決策が見つかっていないのではないでしょうか。

また、熱心に学力向上に取り組まれるのはけっこうなのですが、それが何のためなのか、また、これからのこの国が迎える課題の解決にどうつながっているのか、そして、さらにはそこで子どもたちが幸せな人生を描けるのかが、ほとんど見えてこないのは私だけでしょうか。

子どもたちの貧困化が話題になっています。日々の生活で精一杯の家庭も少なくないはずです。それでも学校は勉強するところだから、子どもたちの生活よりもまず学力という意見もわかります。しかしそれは、学力をつけることが子どもたちを貧困から救い出し、自己実現の方略となっていた時代の話です。

時代は変わりました。学力をつけるだけでは、子どもたちが自己実現をすることは難しい時代になったと言わざるを得ません。子どもたちが幸せになるためには、学力だけではきわめて不十分な時代なのです。

にもかかわらず、学力、学力と連呼し、そして、達成率のランキングを競争しているかのような現状は、沈みかけた船で宴会をしているようにさえ見えることがあります。

本書の読者のみなさんは、多くの方が教育関係者だと思いますが、みなさんは、何のために教育にかかわるようになられたのですか。何のために教師になられたのですか。何のために教育相談業務にかかわられているのでしょう。

子どもたちに幸せになってほしいからではありませんか。

民主主義の国だというのに、民主主義や民主的な手続き、いや、民主的にコミュニケーションをすることすら教えられていない子どもたちを見ます。民主社会を形成するのに、封建的に育てられている現状があります。社会人になるのに、社会人とは何かを教えられず、社会人になるための訓練を何もされていない子どもたちを見ます。もし家庭や学校でずっと守られてきて、いきなり社会の荒波に飲まれたら、社会的不適応になるのは無理もないことです。

いくら勉強ができて、試験で優秀な成績を収めても、社会にコミットできないままで、幸せになれるのでしょうか。この国は世界に誇る平和な国です。しかし、そこで、この国の未来をつくる子どもたちが幸せに生きているかどうかは疑問です。不幸だとは言っていません、ただ、幸せに生きるための準備がなされていないと言っているのです。

クラス会議という実践は、子どもたちが人生を幸せに生きるための一つの提案です。本書が、学校教育の教室実践レベルで子どもたちが幸せに生きるために、いま、学校に、教師に、学校教育にかかわる者たちに、何ができるかを議論するきっかけになれば、これに勝る幸せはありません。

赤坂真二

赤坂版「クラス会議」バージョンアップガイド
みんなの思いがクラスをつくる！

もくじ

はじめに　3

PartⅠ　クラス会議の意味　9

1　クラス会議とは　10
2　私たちの実践の意味　11
3　それぞれにとっての「クラス会議」　14
4　何を大事にするか　20
5　クラス会議の効果　22
6　クラス会議のメカニズム　27
7　アドラー心理学　30
8　共同体感覚　33

PartⅡ　クラス会議の方法　39

1　ジェーン・ネルセンらの「クラス会議」　40
2　「クラス会議プログラム」　44
3　実施スケジュール　46

4 話し合いの流れ 51
5 ショート・バージョン 57
6 カフェ方式 61
7 活動を通して伝えること―クラスを育てるしつけ 64

PartⅢ クラス会議 実践的Q&A 77

1 マニュアルは最低限 78
2 実践的Q&A 79
(1) 準備段階 79
(2) 輪になる 82
(3) 座席 84
(4) コンプリメントの交換 86
(5) 前回の解決策のふり返り 88
(6) 議題 92
(7) 話し合い 97
(8) 話し合いのなかの教師 105
(9) 子どもたちの態度 109
(10) 子どもたちへの委任 114
(11) 効果と可能性 119
(12) 成功の鍵 124
(13) 失敗や限界、心配 130
(14) 学級活動で実施する 134

おわりに 140

Part Ⅰ

クラス会議の意味

1　「クラス会議」とは

クラス会議では、子どもたちが困っている仲間を助けるために、いろいろなアイデアを出して解決策を探したり、クラスのルールを決めたり、楽しいイベントを企画したりする姿が見られます。話し合いを始める前に、話し合いの約束を確認したり、互いに感謝の言葉を述べ合ったりもしています。また、机を取り払って、椅子だけで輪になったり、ときには、椅子もなくして直接床に腰を下ろしたりして話し合っています。

話をする子どもは、ぬいぐるみのような、マスコットや棒状のものを持っていて、話し終わると次の子にそれを渡しています。そして、渡された子が次に発言をしています。

なんだか従来の話し合い活動のようでいて、違っているようでもあります。

しかし、クラス会議に取り組むと、学級に次々と好ましい出来事が起こると言います。

クラス会議とはいったい何なのでしょうか。

2　私たちの実践の意味

クラス会議の話を具体的に始める前に、みなさんにうかがいたいことがあります。それは、

みなさんに教育を受けた子どもたちには、どんな力がつくのでしょうか

ということです。

いかがでしょうか。みなさんの学級で教育を受けた子どもたちは、どんな力をつけるのでしょうか。中学校以上の先生方には、「ご自分の授業」としてお考えいただいても、あるいはご自分の学校でもけっこうです。

そして、次に問いたいのは次のことです。

みなさんに教育を受けた子どもたちは、社会でやっていけそうですか。

そして、最後にうかがいます。

みなさんに教育を受けた子どもたちは、幸せになりそうですか

いかがでしょうか。少し考えてみてください。

私も駆け出しの小学校教師だったころは、一時間一時間の授業を充実させればそれでいいいと思っていました。新採用の頃は、明日の国語や算数の授業をどうしようかということに頭を悩ませて、授業に関する情報を集めまくっていました。有名実践家の書籍を買いまくり、追実践を繰り返していました。

そのなかには、とてもうまくいくこともありましたが、書いてあるとおりにはなかなかいきませんでした。

いま考えてみれば、当たり前のことです。私のクラスはその有名実践家のクラスではないし、そもそも私にそんな指導力はなかったのですから。どんなに成功者の本や講演を聴いて、まねしようとしても、考え方から所作から、生活環境や周囲の人間関係などのリソースがすべて違うのですから、うまくいくと思うほうがどうかしています。

しかし、そのころはそのことがわかりませんでした。

そして、もう一つ大事なことを見落としていました。

目先の成功を志向するばかりに、自分が担任を終えるときの子どもたちの姿が見えていなかったの

です。もっと言えば、授業を成功させることばかり考えていて、子どもたちを育てることに目が向いていませんでした。

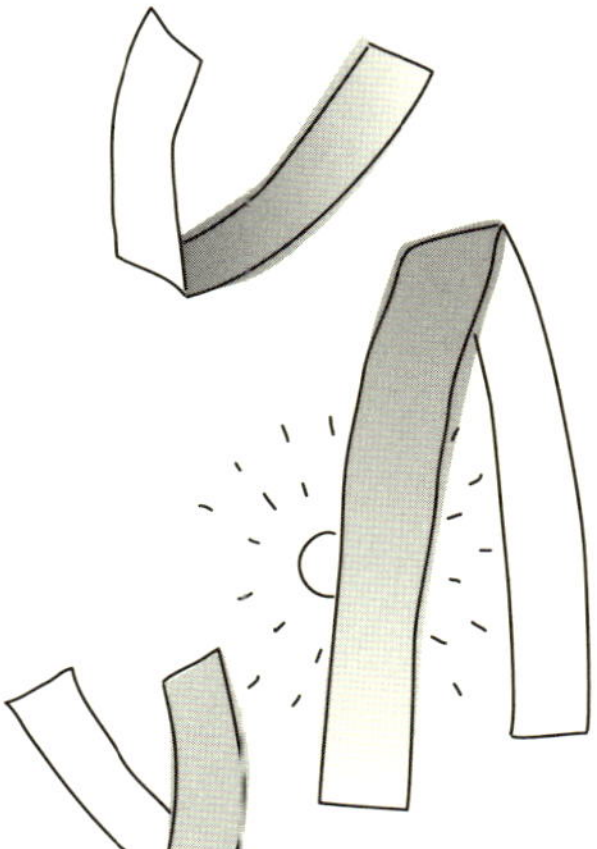

3　それぞれにとっての「クラス会議」

若いときの私は、一時間一時間の授業の完成度を上げることばかりを考えていました。しかしそれは、あちこちにツギを当てているだけのパッチワークのようなもので、どれだけきれいなツギ当てだったとしても、所詮はツギ当てでした。

私の教室は、ツギハギだらけの実践でした。私の主な関心は子どもにはなく、自分のしたい授業をすることだったわけです。

それでは子どもたちに力はつきません。子どもたちに力がつく実践は、ジクソーパズルのように、一つ一つ組み合わされ、最終的に一つの絵になるようにするものです。もちろん、一時間一時間の楽しさややりがいは大事ですから、パズルのピースをより美しく磨くことは大事だろうと思います。子どもたちに力をつけていると言われる先生は、自分の教育をくぐった子どもたちの像が描けているのだと思います。

それでも、ある程度授業ができるようになってくると、自分なりにパズルの絵ができてきます。目指す学級像や子ども像をもつようになるわけです。

しかし、ここに第二の落とし穴があります。それは、そのパズルをどのように組み立てるかということです。

ここではまず、「クラス会議」という実践と出会うに至ったエピソードをいくつか紹介します。「クラス会議」については、本書でおいおいご説明します。

最初はA先生です。A先生は、ていねいな指導で定評のある先生でした。

「A先生のクラスの子どもたちはすごいですね。クラスは本当によくまとまっているし、子どもたちがみんな前向きですね」

A先生は、周囲の先生方からはよくそんなふうに言われていました。

先生自身も、そう言われる学級をつくっていることに自信をもち、何の疑いもなく学級指導を進めていました。

しかし、A先生のクラスを卒業した子どもの何人かは、中学で授業についていけなくなりました。授業への不満、クラスへの不満などなどが次第にたまっていったようです。A先生の手を離れると、うまく次の環境になじめないという子たちがいたのです。

四年前、三年生、四年生と担任したクラスで、初めて卒業まで持ち上がらないで別の先生に担任を引き継ぎました。四〇人の学年一クラスでした。そのクラスは、五年生に進級すると一気に活力を失いました。（六年で担任が替わり、回復はしましたが……。）

そして、二年前、A先生は、崩壊気味だった学級の立て直しを命じられ、担任をしました。A先生のクラスになって、学級が落ち着くとともに、子どもたちはみるみるうちに変わっていきました。A先生も手ごたえを感じていました。

しかし、年末の保護者を対象としたアンケートで、A先生は大きな衝撃を受けました。「子どもは学校へ行くことを楽しみにしている」という項目など、A先生への評価を含んだ質問項目への保護者からの評価が予想外に低かったのです。

「自分のやってきたことは間違っていたのか」

「もっと大きく何かを変えなきゃいかん」

「教室を、子どもたちが明日また学校に来ることを楽しみに思えるような空間にしていく。そのためには、子どもたちよりも、まず変わるのは自分なんだ……。子どもたちが教師の顔色をうかがうのではなく、自ら動いていく。自分たちでものごとを進め、本当の意味で力をつけていく。そうあるようにしたい」

そう思っていたときに、A先生は「クラス会議」に出会われたそうです。

また、もう一人、B先生は次のようにおっしゃいます。

「一〇月から、クラス会議をクラスに取り入れました。

理由は、自分たちの学級を自分たちでつくっているという実感を、子どもたちにもたせたかったからです。

いま担任しているクラスは、学級崩壊を何回も体験してきていて、先生が何でも決めて、自分たちはそれについていくだけの学校生活を送ってきていました。

クラス会議を取り入れたいま、子どもたちは活気にあふれ、自分たちで決めることの楽しさを感じ始め、『これからもみんなで決めて、変わっていきたい!!』という空気になっています」

実は、私にも似たようなエピソードがあるのです。

私は、「不登校に強い」教師でした。

もちろん特別なノウハウをもっているわけではなく、そうした勉強をしたわけでもありません。

しかし、たまたま自分が担任すると、長期欠席だったり、断続的な不登校を繰り返していたりした子どもが、学校に来られるようになったことが、それまで何度かあって、私はすっかり勘違いしていたわけです。

しかし、ある年、五年生を担任したときに、どうやっても学校に来るのを嫌がる子を初めて担任しました。体調不良もあったのですが、その子は日記にこう書いていました。

「このクラスの人は嫌い。みんな目立ちたがりやだと。」

私は、それまで学級経営に自信をもっていたので、大変なショックを受けました。

そして、「自分のやり方を変えなければ、この子が学校に来なくなる」と、強い危機感を抱いた私が、藁にもすがる思いでつかんだのが「クラス会議」でした。

＊　＊　＊

私を含めた三人の教師の、クラス会議との出会いの詳細はそれぞれ違います。しかし、いずれも教師の独りよがりの実践とは対極にあるものとして、クラス会議が選択されています。

B先生のクラスの場合は、クラスが荒れていたから致し方なかったのかもしれませんが、前の先生がかなり管理的なリーダーシップだったようです。

A先生は、きっともともとクラスをまとめることができる、かなりの指導力があったのだろうと思います。荒れた学級を正常化させた実績を、かなりおもちになっていました。しかし、それが子どもたちに評価されなかったということでしょう。

4　何を大事にするか

先ほどの、「このクラスの人は嫌い。みんな目立ちたがりや」と日記に書き、不登校になろうとしていた五年生は、自分のクラスを全否定していました。当時の私は、クラスと自分を分離できるほど大人ではなかったので、強く動揺しました。

A先生のように子どもたちをまとめる力は、私にはありません。私のリーダーシップは、子どもたちにわりと個性を出させます。子どもたちにとっては自由度の高いほうだと思います。しかし、それは彼には合わなかったようです。自分のことを伸び伸びと出そうとするクラスメートは、きっと彼から見ると、具合の悪い自分を放っておいて、勝手に楽しそうにやっている「目立ちたがりや」に見えたのだと思います。

管理的なリーダーシップもダメ、また、クラスをまとめることができるリーダーシップもダメ、また、かつての私のような「のり重視のイケイケクラス」もダメ。これらは、何が問題なのでしょうか。それぞれのリーダーシップは違いますが、共通しているのは、

教師の満足優位型クラス

だということです。

学級の荒れを立て直す、また、理想のクラスを目指すという大義名分のもと、子どもたちの満足度が見落とされていたのかもしれません。少なくとも私はそうだったと思います。自分の理想のクラス、理想の授業を実現するために躍起になっていました。

子どものためと言いながら、その実は、教室を私物化しようとしていたのです。教師が子どもたちを望ましい姿に導こうとしたら、理想を描くことや指導する力は必要です。しかし、それが教師主導で、子どもたちのニーズを顧みないと、エネルギーのある子どもたちは反発するでしょう。それでも従順な子どもたちは、とりあえず言うことを聞きます。しかし、一方で、重大な破壊的な影響をもたらします。

それは、「意欲を失う」ことです。教室において最も失ってはならないのは、〝やる気〟ではないでしょうか。

5　クラス会議の効果

教育実践において、教師のすることが子どもたちのニーズに合っていない場合、子どもたちが反抗することは想像しやすいことでしょう。学級崩壊はその典型です。

一方で、反抗する力がない子もいます。私たちは、一般的にストレス下に置かれると、三つの態度に出ると言われます。それは、「戦う」「逃げる」「無視する」です。「戦い」の場合が、反抗です。「逃げる」場合は、不登校という手があります。しかし、子どもたちの大多数は、「戦う」ことも「逃げる」こともしません。

多くの場合、「無視をする」のです。しかし、教室においては、明確に教師の指示を無視することは、反抗となんら代わりません。それができるのはよほどのエネルギーのある子です。したがって、子どもたちが選択する行動は、「仕方なくやる」という消極的参加の方法です。はなから意欲が低下している状態で取り組むわけですから、やればやるほど、つまらなくなります。こうやってやる気のない子が生まれ、そして、増え、やる気のないクラスができます。

しかし、一方でクラス会議を実施されているクラスの先生方からは、次のような声が聞かれます。実践者の先生方がクラス会議を実践されてみて感じられている、子どもたちの変化の実感を紹介してもらいましょう。

C先生――子どもが自然に輪になって話し合う

C先生のクラスでは、体育や総合の時間などで小グループの話し合いをする際に、子どもたちが自主的に、「丸くなろう」と言って話し合う姿が見られます。輪になって顔を見合わせながら話し合うことを是としているのだと思います。

また、

「花丸がたまったからお楽しみ会をしたい」

「体操のとき、輪になってやりたい」

「理解の時間に静かにしないのはよくないと思う。気をつけよう」

など、こうしたい、こうしたらどうかというアクションが子どもから出るようになりました。

さらに、「楽しい学校生活を送るためのアンケート Q-U」（河村茂雄、図書文化社）で、「授業中、発言するのはあまり好きじゃない」と答えていた子が減りました。

クラス会議では、「仲間の悩みが解決してよかった」と振り返る子が増えました。共感性が高まってきているのではないでしょうか。「自分たちで解決したい」「先生に頼らない」という声が聞かれるようになりました。（でも、大きなトラブルには教師が介入しています。）

長期的な変化としては、ほとんど発言しない子が一年半かかりましたが、たまに発言するようになりました。

D先生――子どもたちが学習困難な子を放っておかない

D先生は、授業をしても意欲的に取り組むし、学習が困難な子を放っておかない、また、そういう子が少しずつ「ここよくわからないんだけどどうするの？」と他者とかかわりながら進めていくようになる…そんな姿も見られるようになりました。対話やグループ活動なども、どんどん進みます。

また、学力ではありませんが、アセス[*1]（栗原慎二・井上弥）の対人的適応（教師サポート、友人サポート、向社会的スキル、非侵害的関係）が著しく向上しました。

E先生――学年の教師が変わった

クラス全体の「チーム」としての意識が高まったと思います。学ぶときは学ぶ、遊ぶ、考えるなど切り替えができるようになっています。また、よいと思ったことを行動にうつす子が増えました。自分の意見を言うことに抵抗がなくってきています。さらに、自分がチームの一員だという意識が高まったと感じて言います。目線が「ぼく・わたしが……」から「クラスが……」になっている子が多くなりました。

クラス会議を学年で取り組んでいますが、学年の教師の考え方が変わりました。「自治」の大切さや、子どもに任せることのよさに気づいてきてくれていると思います。それに伴い、学年の子どもたちの動きが変わってきました。運動会やコンサートなどで、子どもが進んで考えたり活動したりするようになりました。そして、なんと言っても、日常の中で、トラブルや迷いがあるとき、話し合うことが普通になったのが大きな変化です。

＊　＊　＊

そのほかにも次のような声が聞かれます。
○まとまりがよくなり、ルールを守るようになった。
○リーダーが育った。
○あたたかく明るい雰囲気になった。
○友達の悩み事に相談にのるなど、やさしい行動や思いやりのある行動が増えた。
○意欲的に学習に取り組むようになった。
○学習中によく話を聞き、よく話し合うようになった。
○子どもたちのほうから、「〜したい」と言うようになった。
○教師に頼らず、自分たちでトラブルを解決するようになった。

学力テストの成績が上昇したなどと言う先生もいます。子どもたちが意欲的に学習するようになるので、それは当然起こり得ることです。教室でほとんど話さなかった子、また、緘黙と言われていた子が教室で話をするようになったケースもあります。また、外国籍の子どもたちが多数在籍する学級で、日本語の授業ではなかなか言葉を覚えなかった子どもたちが日本語を話すようになったという報告もあります。

6 クラス会議のメカニズム

クラス会議を実施すると、なぜ、このようなことが起こるのでしょうか？
クラス会議によってなぜ、集団生活上の好ましいことが起こるかを考えてみたいと思います。
そこで、次の二つの問いにお答えください。それぞれの答えを二つ三つ用意してみてください。

みなさんの悩みは何ですか。

みなさんの喜びは何ですか。

いかがでしょうか。私たちの幸福感を高めてくれるのは、喜びであり、それを下げるのは悩みです。
悩みはとても「吸引力」があり、そのことが気になり出すと、そればかり考えてしまいます。それらに共通することは何ですか。おそらく人間関係にかかわることではありませんか。人生は、問題の連続です。その多くに、共通するのは、人間関係にかかわるものではありませんか。

交通事故を考えてみてください。自分の車だけが傷つく自損事故と、ガードレールなどの物を壊してしまう物損事故、どちらが精神的な負担かといったら、物損事故でしょう。その物損も、自分の家の塀を壊すのと隣家の塀を壊すのとではわけが違います。ましてや、人身事故ともなればこれは大騒ぎです。

私たちの抱える問題の程度は、それによってかかわる人の数や重要度によって変わります。教室におけるトラブルを考えてみてください。花瓶が割れるよりも、ガラスが割れるほうが問題が大きくなります。それは、修理などにかかわる人が増えるからです。また、物が壊れることと子ども同士がケンカすることを考えて見てください。どちらの対応が大変かと言ったら、おそらく後者でしょう。そこに保護者が絡んだら、さらに大きな問題になります。かかわる人の数で重要度が増すからです。

お金の問題や成績の問題は、個人的な問題のように思うかもしれません。しかし、お金はもっている人ともっていない人の差があるから問題なのです。同様に、成績もいい人と悪い人がいるから問題と認識されるのです。漢字テストをやって、みんなが五〇点だったら、残念には思うかもしれませんが、「そういうものか」と思うでしょう。しかし、なかに、九〇点や百点の人がいたとわかった瞬間に、問題として認識されるでしょう。このように、個人的な問題だと思われるようなことでも、人間関係と無縁ではいられないのです。

つまり、人生の課題の中心は、人間関係の課題だと言えます。人間関係の課題をうまく解決することは、私たちに幸福感を感じさせ、私たちの生活に活力を与えます。それでは人生の課題を解決するにはどうしたらいいのでしょうか。少し考えてみてください。

答えは意外とシンプルです。

課題は人間関係にかかわっているのですから、その当事者と信頼関係に基づいて、また、信頼関係を築きながら解決すればいいのです。信頼関係がある人との間では、問題は深刻にならないことが多いです。また、問題がうまく解決できれば、さらに相手との信頼関係も増します。信頼関係ができれば、次に問題が起こる可能性は低くなります。

私たちの周囲に信頼関係の網を張り巡らせば、私たちは幸福感を感じながら生活することが可能になります。

クラス会議とは、クラスのルールを決めたり、困っている仲間の支援をしたりすることを通して、協力して人間関係の課題を解決するための考え方、態度、方法を学ぶ活動だと言えます。私たちが生きにくくなるのは、自分のあり方と他者のあり方の折り合いがつけられないときです。自分がAだと願っているのに、相手がBを願っていれば、当然そこに摩擦が起きます。そこでコミュニケーションをとって、双方の願いの折り合いをつけることができれば信頼関係を築くことができるのに、私たちは、その方法をほとんど知らないのが現状です。

7 アドラー心理学

人生は課題の連続です。その課題の解決状況によって、幸福感が影響を受けるとするならば、クラス会議は、子どもたちに、

人生の成功に向かって具体的に行動する力をつけるもの

だと言って差し支えないでしょう。

本書で言うクラス会議には、バックボーンとなる考えがあります。それは、アドラー心理学です。オーストリアの精神科医、アルフレッド・アドラー（一八七〇～一九三七年）が治療や教育に用いた理論・技法です。「理論と実践に隔たりがあることを許さない」とても実践的な理論だと言えると思います。

しかし、日本の学術シーンではあまり認められてこなかったように感じています。

しかし、豊富な実践的エビデンスにより、カウンセラーなどの対人支援職に就く人たちに支持されてきました。学校教育では、学級崩壊が顕在化した二〇〇〇年前後くらいから、さまざまな心理学的アプローチが紹介されるなかで徐々に知られるようになってきました。

諸富祥彦氏は、「さまざまな心理学理論のなかで、学級経営や生徒指導の問題に直接使えて、しかも効き目のある理論はほとんどないのが実情」と指摘しつつ、「学級経営や生徒指導の具体的な指針を与える」として、注目しました。[*2] また、会沢信彦氏は、「学校で活かせるカウンセリングの代表選手」と呼び、その有効性を指摘しました。[*3]

学術シーンでは注目されないと言いながら、学校現場を支援してきた研究者たちのなかでは、評価が高いのも事実だと思います。

アドラー心理学が、他の心理学と一線を画するのは、目的論に立っていることです。目的論とは、物事が生起する理由として原因よりも目的を重視する立場です。子どもたちの問題行動が起こったときに、「どうして」と考えずに「何のために」と考えます。

いじめや不登校などの問題の場合、原因を探ることは困難を極めます。それは、家族や学級の複雑な人間関係のなかで起こっているからです。一つ一つ結び目を解くようにして原因を特定するのはほぼ不可能です。教師や支援者が、子どもたちの過去の問題に手を入れることは容易ではありません。

アドラー心理学では、人の生きる原動力は、目標志向性、すなわち、目標を追求し達成しようとする欲求だととらえます。そして、ある方向で失敗しても別な方向で成功して保証しようとするものだと考えます。

このようにとらえることで、過去の絡まった糸を解きほぐす作業から、支援者を解放します。

子どもたち（当然、私たちも）の行動には目的があります。しかし、それが適切な方法とは限りません。子どもたちは、目的はわかっていますが、そのやり方が正しいかどうかはわかっていないのです。登山をするときに、誤った登山道を通って山を登ろうとしている登山者や、目の前の誤った峰を本来目指す峰だと思い込んで登ろうとしている登山者と似ています。支援をするということは、正しい登山道を教えたり、正しい峰を指し示したりすることです。

楽な仕事ではありませんが、ただ、行動の目的は、未来にあります。支援者は、これから起こることならばかかわっていくことは可能です。少なくとも、過去にかかわるよりは、行動コストが低いです。もし、いじめる子が、かかわりたくていじめているのならば、かかわるやり方が間違っているので、正しいやり方を教えていけばいいのです。

もし、かかわってほしくて不登校をしているのならば、ていねいに話を聞き、ストロークを与えていけばいいのです。必ず効果があるとは限りません。子どもたちの教育に一〇〇％成功するなんてことはありません。しかし、成功の確率は、原因にアプローチするよりも高くなることは確実です。

生徒指導の会議などで、対策を考えるときに原因を探っているうちに八方ふさがりになっている場面をよく見ました。私たちの考え方にも癖があり、すぐに問題の原因を探ろうとするからです。しかし、目的論に立つことで光が差すことも少なくありません。

8　共同体感覚

アドラー心理学の教育には明確な目的があります。それは、子どもたちの共同体感覚を育てることです。

アドラーは共同体感覚を「子どもの正常性のバロメータ」と言います。[*4] しかし、アドラーはさまざまなところで、これに触れているわりに、しっかりと定義していません。梶野真は、

> ① **この世において、私には意味があり、そして貢献できる存在である―「貢献感・有意義感」**
> ② **この世において、私は安全性を感じ、自分に対しても他者に対しても安全で信頼できる―「信頼感・安全感」**
> ③ **この世において、私には居場所がある。私には価値があるといえる場所がある―「所属感」**

この三つの感覚を同時にもつことが、共同体感覚だと説明します。[*5]

アドラー心理学では、共同体感覚をもつことで、精神を健康に保つことができ、幸福に生きることができると考えています。梶野だけでなく、多くの研究者たちが定義を試みています。モサックとマニアッチの説明は、さらに明快です。「共同体感覚は、私たちがお互いに、そして、世界と共に持っている共感的で情緒的な絆」だと言います。[*6] 私たちは、自己と他者への尊敬と信頼、そして、貢献感をもつとき、社会との絆を実感し、幸福に生きることができるのでしょう。

私たちは、平和に暮らしていると、このことを忘れがちです。世の中は便利になると、一人でも暮らしていけるような錯覚を起こします。事実、私たちの社会は、個別化することで発展してきました。テレビが街頭に一台から、一家に一台になり、一人一台となりました。いまは、それぞれのポケットに入っています。消費社会は、私たちの生活を個別化することで商品を売り、大きくなってきました。

しかし、その生活に危機が迫ると一人では生きてはいけないことに気づかされます。あの大震災のときには、マスコミを通じて、あちこちから聞こえてきたのは、絆という言葉です。私たちは、しんどくなったときに、人と人とのつながりを思い出し、その力を深く認識します。

みなさんも共同体感覚という言葉には馴染めなくても、人とのつながりや社会との絆が私たちの幸福感と深くかかわっていることは日々、実感することがあるのではないでしょうか。私たちが苛立ったり、悲しんだりするときは、当然、幸福感が下がります。人をうらやましがったり、妬んだりしたときもそうです。そういうときはたいてい、自分のことにとらわれているときです。自分にとらわれているときは、人とつながりが切れようとしているときです。

人に傷つけられたら、当然、自分の居場所がなくなります。一方、人を傷つけても居場所がなくなります。犯罪レベルは当然として、意見や自己主張など、社会生活などでは、必要なことも度が過ぎると、それは攻撃やわがままととられて、人から支持をされなくなります。そうなると、幸福感が下がります。だからと言って、人の言いなりになったり、迎合したりするとまた、自分がないがしろにされ、結果的に自分が傷つき、やはり、幸福感が下がります。共同体感覚は、

他者のあり方と自分のあり方に調和をもたらし、他者や自分の居場所をつくるもの

だと言えるでしょう。

子どもたちは教室で問題行動をすることがあります。それは、いわば、共同体感覚が低下した状態だと言えます。例えば、教師に向かって、「くそばばあ」と言う子がいます。「おはよう」と言えば、教師と良好な関係がつくれるかもしれないのにです。しかし、その子は教師とつながりたくないのかと言ったら、逆です。つながりたいのです。つながるために、「くそばばあ」と言うのです。

その子はおそらく叱られるでしょう。でもその子にとっては、それが所属のための適応行動なのです。「おはよう」と言って、普通につながることは、その子にはハードルが高く、「くそばばあ」のほうが、より多くかかわってもらえると信じているのです。

アドラー心理学では、これを「適切な行動をする勇気がくじかれた状態」と言います。私たちは、共同体感覚が低下すると適切な行動をする勇気が損なわれます。勇気という言葉に違和感がある方は、「やる気」とか「意欲」とかに読み替えてください。アドラー心理学では、適切な行動をするエネ

ルギーを「勇気」と呼んでいますが、しっくりくる日本語が見当たらないそうです。共同体感覚が育っている子は、適切な行動をする勇気をもっているのです。ここらへんが、「正常性のバロメータ」と言われる所以かもしれません。勇気がくじかれた子が、多数、教室にいた場合は、それだけ不適切な行動が増えますから、クラスが荒れます。それが進行すると、いわゆる学級崩壊といった状態になります。

現在の教室では、不適切な行動を繰り返す子どもが一人や二人ではないことは、多くの方が知るところでしょう。それを教師が一人一人個別対応していたら、疲弊してしまいます。教師が疲弊したら、教室の荒れは一気に進行することでしょう。

クラス会議は、仲間の悩みを解決することやクラスの問題を克服することを通して、人と協力して生きるための、価値観や態度や方法を学びます。クラス会議によってクラスがまとまるのではありません。協力的に生きる子どもたちが増えるので、クラスがまとまるのです。

話し合いによる悩み事や問題解決は、とても教育的です。その過程で、人に頼ったり、頼られたり、力を合わせたり、一緒に喜んだり、悲しんだりする優良な共有体験です。共有体験は、互いの絆を育てます。一緒においしいものを食べたり、楽しい映画を見たりすることで互いの関係がよくなることを経験したことがある人も多いでしょう。

そうした感動が強いほうが、それが肯定的であるならば、当事者に良好な関係をもたらします。クラス会議は、繰り返すことによって、子どもたちに共有体験を日常的に味わわせます。

しかし、子どもたちは話し合いをさせたからといって、いきなり協力を学びませんし、そもそも話し合うことすら難しい子どもたちもいます。子どもたちが、話し合いを互いの成長のために機能させるためには、教えるべきことは教えなくてはなりません。

子どもたちは、協力し合って話し合いをするためには、あまりにも準備不足の現状があるからです。子どもたちが体験している話し合いのほとんどは、言い合いであり、それは自分の主張をわからせるためのものであり、互いにわかり合うものではありません。

したがって、クラス会議では、話し合いをしながら子どもたちが協力し合うために必要な、価値や態度やスキルを教えます。

クラス会議は、話し合いのことだけを指すのではありません。

目的である「共同体感覚」の育成を実現するための、包括的なプログラムなのです。

＊1　栗原慎二・井上弥編著『Excel2013対応版アセスの使い方・活かし方』ほんの森出版、二〇一三年
＊2　諸富祥彦『学校現場で使えるカウンセリング・テクニック 上』誠信書房、一九九九年
＊3　諸富祥彦編集代表、会沢信彦・赤坂真二編著『学級づくりと授業に生かすカウンセリング（チャートでわかるカウンセリング・テクニックで高める「教師力」1）』ぎょうせい、二〇一一年
＊4　アルフレッド・アドラー、岸見一郎訳『子どもの教育』一光社、一九九八年
＊5　岩井俊憲監修、梶野真『アドラー心理学を深く知る29のキーワード』祥伝社、二〇一五年
＊6　ハロルド・H・モサック、ミカエル・P・マニアッチ、坂本玲子監訳、キャラカー京子訳『現代に生きるアドラー心理学――分析的認知行動心理学を学ぶ』一光社、二〇〇六年

Part Ⅱ

クラス会議の方法

1 ジェーン・ネルセンらの「クラス会議」

本章（ＰａｒｔⅡ）では、クラス会議の流れに沿いながら、そのエッセンスを述べたいと思います。クラス会議の具体的な進め方については、『赤坂版「クラス会議」完全マニュアル』[*1]に書きました（そちらもぜひ、ご覧ください）。ここにはクラス会議の立ち上げから、民主的な話し合いのための土壌づくり、そして、問題解決の話し合いまでを、時系列で示してあります。それら一連の手続きを、「クラス会議プログラム」と呼んでいます。

本書にも前著にもたいそうな名前がついていますが、本書や前著でご紹介した実践をすることができたのは、一冊の書籍があったからなのです。それは、ジェーン・ネルセンらの著書『クラス会議で子どもが変わる——アドラー心理学でポジティブ学級づくり』[*2]です。この本との出会いによって、「クラス会議プログラム」を作成することができました。

ここでは、アドラー心理学に基づくネルセンらの「クラス会議」に少し触れておきたいと思います。

ネルセンらの「クラス会議」

ネルセンらは、「クラス会議」について、こう言います。

「若者たちに、人生のあらゆる領域――学校、職場、家庭、社会――で成功を収めるために必要不可欠なスキルと態度を教える」

この言葉からわかるように、クラス会議とは単なる話し合い活動のことを指すのではなく、子どもたちに社会で生きる力を育てるための方法であると言えます。

ネルセンらは、共同体感覚を育てるための働きかけのことを「ポジティブディシプリン」と呼んでいます。

「ポジティブディシプリン」とは、直訳では「肯定的なしつけ」とでも言えばいいでしょうか。しかし、しつけというと、日本では、「ダメなところを直す」というイメージがありますが、「ポジティブディシプリン」は、「よいパターンを示す」「強みを伸ばす」というイメージがあります。「こういうときはこうしなさい」「もっとこうすべきです」と「ないものねだり」をするのではなく、

「あなたにはそれをする力があります」

「あなたの力はこんなところに活かすことができます」

という「あるもの探し」のメッセージを感じます。

個人の強みに焦点を当てて成長のエネルギーを引き出すことを重視するアドラー心理学らしいアプ

ローチだと思います。

クラス会議は、「ポジティブディシプリン」に基づく働きかけの一部です。しかし、一部といいながら、クラス会議は、最も共同体感覚を効率よく身につけるための通り道として位置づけられていて、ポジティブディシプリンの中核と呼んでいいでしょう。

ネルセンらは、クラス会議が効果的に機能するために、次の「八つの基本要素」を定めています。

1 輪になる
2 コンプリメントと感謝の言葉
3 議題を出す
4 コミュニケーションスキルを伸ばす
5 異なる現実について学ぶ
6 人が行動する四つの理由を理解する
7 ロールプレイとブレインストーミングを練習する
8 罰を用いない解決に焦点を当てる

ポジティブディシプリンに基づく活動を通して、基本要素を繰り返し学びながら、問題解決を体験します。子どもたちは、そのプロセスで、人生において成功を収めるために必要な価値観、スキル、態度を身につけ、結果的に共同体感覚が育つという構造です。

わが国の教育は、人格の完成を目指し、実によく計画されているとは思いますが、それは主に教科指導の部分についてであり、子どもたちの人生において活用される知恵につながる学習についても同様に十分であるとは言えないように思います。

こうしたなかで、ネルセンらの研究と実践は、子どもたちが幸せをつかむために必要な力の育成に正面から向き合っていると言えないでしょうか。

2 「クラス会議プログラム」

私の実践「クラス会議プログラム」は、ネルセンらのクラス会議をモデルとして、アドラー心理学やポジティブディシプリンを学習していない人にも実施できることを意図して作成されました。

クラス会議を実施しようとするときに、まずアドラー心理学を知り、ポジティブディシプリンを学んでからというのが筋かもしれませんが、忙しい先生方にはそれはなかなか難しい仕事です。そこで、ポジティブディシプリンのエッセンスを集めて、ネルセンらのモデルのさらにエッセンスを極めることができるように、大事なところをしぼり出すようにして構成しました。

また、忙しい先生方がすぐに実践できるように、各場面における具体的な言葉かけの例を示しました。できるだけ「使いやすさ」を意識して作成しましたが、それは同時にリスクを負うことになります。

「使いやすさ」は「そのとおりやればうまくいく」という誤った認識を生みやすいものです。しかし、もちろん形だけまねてうまくいくことなどありません。ですから、前著『赤坂版「クラス会議」

完全マニュアル』で繰り返し述べたように、

> **①　大事なことは方法よりも目的である。**
> **②　実践者のやりやすいようにアレンジしてほしい。**

ということです。したがって、プログラムに対してさまざまな距離感があっていいと思います。大事なことはねらいを達成することです。そのために、趣旨を損なわない範囲で、実践者の学び方のスタイルに合わせて活用することが最もいいと思います。

> **①　マニュアルどおり実践する。**
> **②　やりやすいように一部アレンジする。**
> **③　参考程度に見て、独自に実践する。**

何事も、ひな形があったほうが取り組みやすいと考えました。最初の一歩を踏み出さないと、次の一歩はなかなか出ません。ですから、私としては、プログラムを実践していただき、それを壊すような、そして乗り越えるような実践が生まれてきてほしいと願ってつくったものです。けっして、「その通りやってほしい」と願ってつくったものではありません。実際にいまは、あちこちで実践が始まり、素晴らしい実践が生まれていることを嬉しく思います。

3　実施スケジュール

実施にあたっては、八つの基本要素を六時間で体験できるように構成して、実施スケジュールをつくりました。それが次ページの図1です。

ここでは、一時間目から六時間目までの概要を示してます。

一時間目は、クラス会議の立ち上げです。前向きな話し合いをするための雰囲気づくりを学びます。主な活動は、椅子だけで輪になることと、コンプリメントの交換です。

コンプリメントとは、簡単な謝辞のことで、あたたかい言葉を自分や他者に向けます。

「いい気分になったこと」「感謝したいこと」「誰かをほめたいこと」などを輪になって伝えます。

この時間に学ぶことは、

○あたたかな言葉を交わし合うことで、前向きな雰囲気をつくること

○発言の順番を守ることで互いを尊重すること

1時間目	・立ち上げようクラス会議「輪になってコンプリメント」
2時間目	・コミュニケーションの力を伸ばそう「効果的な聞き方・話し方」
3時間目	・多様な見方・考え方をしよう「5種類の動物のアクティビティ」
4時間目	・やる気の出る解決「ブレインストーミングと勇気づけ」
5時間目	・問題解決をしよう「さあ、本番！ クラス会議」
6時間目	・子どもの手に委ねる「クラス会議を私たちの手で」

図1　クラス会議プログラム実施スケジュール

などです。

二時間目は、話し合いを効果的に行うためのコミュニケーションの方法を学びます。傾聴や人の感情に配慮したものの言い方を学んだあと、クラスの話し合いのルールを決めます。

この時間に学ぶことは、

○聞いていることを態度で示す聞き方は、よい人間関係をつくること
○人の感情に配慮した言い方は、よい人間関係をつくること
○人を責めても問題は解決しない。そして、話し合いの目的は、問題を解決することだということ
○自分たちで話し合いのルールを決めること

などです。

三時間目は、みんなそれぞれ違う見方や考え方をしていて、見方・考え方は人それぞれであるということを学びます。五種類の動物から、自分が「一日だけなりたい動物」を選びます。そして、なぜそれを選んだのか、そしてなぜ他の動物を選ばなかったのかを考え、理由を発表し合うことで、同じものを見ても人によって見方や感じ方が違うことを知ります。

この時間に学ぶことは、

〇物事には多様な見方や考え方があること

〇人によって見方や考え方は異なること

などです。

四時間目は、勇気づけに基づく他者支援の方法を学びます。例えば「忘れ物をなくしたいけれどなくせない子の相談にのる」という仮想の場面を想定し、その子を助けるためにアイデアを出し合う活動をします。

そのときに、「ブレインストーミング」という方法を体験します。

この時間に学ぶことは、

〇人は責めても罰してもやる気にならないこと

〇人がやる気になるのは安心したときであること

ということです。

ブレインストーミングを行う際の約束としては、

①思いついたらどんどん言う
②人の話は最後まで聞く
③人の意見はまずは「いいね」という態度で聞く

などが挙げられます。

五時間目は、子どもたちの実際の生活に則して出された問題を解決します。教師が司会をし、板書をし、役割のお手本を示します。

六時間目は、子どもたちに、司会、副司会や黒板書記などの役割を、できるところから体験してもらいます。前著『赤坂版「クラス会議」完全マニュアル』には、〈司会マニュアル〉や〈黒板書記マニュアル〉がついているので、それを渡してチャレンジさせてもいいでしょう。しかし、どうしてもこの時間からさせなくてはならないというものではありません。子どもたちの様子を見て段階的に委任すればいいのです。

実施スケジュールは、必ずしも順番にしなければならないというものではありません。一時間目から四時間目に学んでほしい内容は、話し合いをしながら教えてもいいし、道徳や学級指導のなかで伝えてもいいのです。

それに、一度の指導で身につくような簡単なことではありません。繰り返し繰り返し、定着するまで伝えます。これらの内容が理解されないところで、話し合いだけ繰り返してもなかなか効果が上がらないのも現実です。

4　話し合いの流れ

実施スケジュールの五時間目から実施する話し合いの流れは、次ページの図2に示すとおりです。ここでは、その流れに沿って、概要を紹介していきます。

想定される実施時間は三〇分から五〇分です。

①輪になってルールの確認

まず、椅子だけで輪になります。輪になったら、話し合いのルールを読み上げて再確認します。これは、実施スケジュールの二時間目に決めたことです。

次に、コンプリメントを交わし合います。互いに「いい気分になったこと」「誰かをほめたいこと」「誰かに感謝したいこと」などを輪番に発表します。

クラス会議では、基本的に発言は輪番です。すぐに発言できない場合は、「パスします」と言って、隣の人に発言権を譲ります。

また、クラス会議では、トーキングスティックと呼ばれる棒状の目印をもって発言します。それを持っている人だけが発言できます。

②前回の解決策のふり返り

それが終わったら、前回の解決策のふり返りをし、前回決めた解決策がうまくいっているかどうかを確かめます。

みんなにかかわる議題の場合はみんなに、個人の相談事については、その議題の提案者に確認します。そして、うまくいっている場合は、次の議題を話し合います。うまくいっていない場合は、そのまま少し様子を見るか、新し

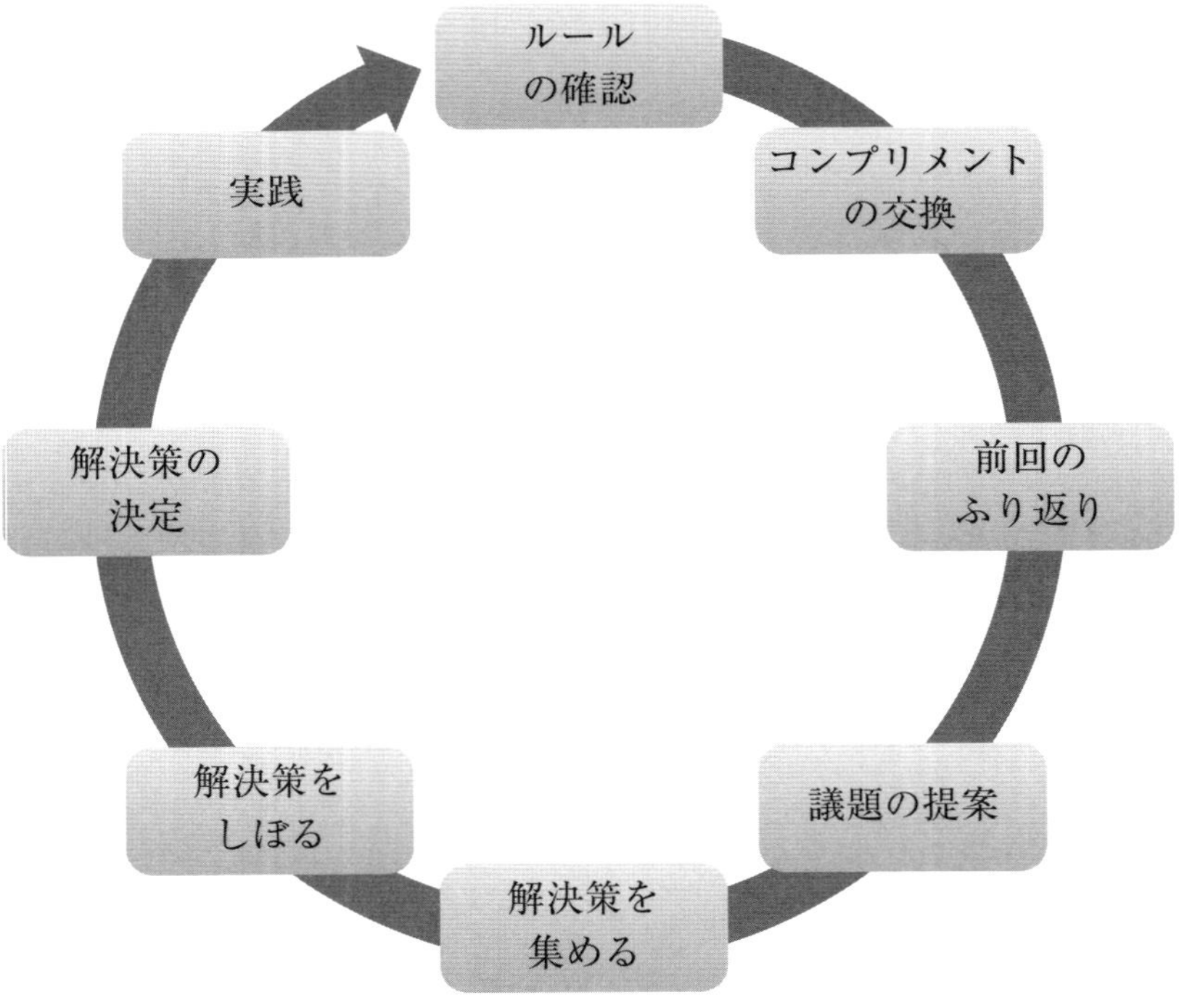

図２　クラス会議（ロング・バージョン）の流れ

い解決策を決めるかを話し合います。

③議題の提案

次に、議題の提案です。議題は、主に「みんなにかかわること」か「個人の相談事」かに分かれます。そのどちらかによって、最終決定の手続きが違います。

前者は、全員で決めます。合意がなされない場合は、多数決になることがあります。後者の場合は、議題の提案者の選択になります。子どもたちが慣れないときは、教師のほうで事前に、

「今日は、みんなで決めるよ」

「今日は、○○さんの相談にのるんだね」

と、どちらの議題なのかを確認しておくといいでしょう。

議題の明確さは、話し合いの盛り上が

クラス会議（ロング・バージョン）の様子

りにかかわる重要な要因です。

例えば、「朝、起きられなくて困っています」のような表記だと、何を話し合えばいいのかわからなくなりますから、「朝、起きられなくて困っています。どうしたらいいですか」のように、明確な表記にするといいでしょう。

また、「お楽しみ会をしたい」「ルールを決めてほしい」のようなみんなにかかわる議題の場合は、いきなり決めるのではなく、まず「お楽しみ会をするかしないか」、そして「ルールを決めるか決めないか」を議論します。

ルールのような事柄については、そのときすぐにルールを決めなくても、ルールの必要性を議論するだけでも問題が顕在化するので、解決することがあります。

④解決策を集める

議題が確認されたら、解決策を集めます。少し考えさせたり、お隣さんとペアで話し合わせたりすると、発言しやすくなるようです。

書記は、出された意見を黒板に書いていきます。人数と時間にもよりますが、輪番で一周程度、意見を集めます。

⑤解決策をしぼる

解決策が集まったら、よりよい解決策を選びます。「その解決策を選択したらどうなるか」を考えさせて、選択の結果どういうことが起こるかを検討させます。それをした場合のメリットを指摘する意見が賛成意見です。それをした場合のデメリットを指摘するのが反対意見です。

例えば、お楽しみ会でリレーをするという意見に対して、賛成派からこうした意見が出るでしょう。

「リレーは、複雑なルールがないから、みんなが参加できるので賛成です」

また、反対派からは、

「リレーは、走るのが苦手な人にはつらいし、自分のせいで負けたとなると、みんなに申し訳ないという思いをしてつらくなるから反対です」

といった意見が出るかもしれません。

ただ、「反対です」と言うよりも、「心配です」という表現を教えたほうが、話し合いがやわらかなものになるでしょう。

このようにしてメリットとデメリットが並ぶと、そのなかから、比較的妥当な最適解が見つかることでしょう。

子どもたちの生活現実には、正解はほとんどありません。そこにあるのは、その状況における最適解です。子どもにそれを見つけさせる力をつけます。

⑥解決策の決定

最後に、解決策の決定です。先ほど述べたように「個人の相談事」の場合は、議題の提案者の選択に委ねます。また、「みんなにかかわること」は、集団決定を経ます。

多くの場合は多数決になります。

多数決に対しては賛否両論がありますが、本書では多数決容認の立場を採ります。多数決は、正当な民主主義のルールだからです。

詳しい理由については、本書ＰａｒｔⅢをお読みください。

5 ショート・バージョン

一単位時間を使ったクラス会議を重ねることで、子どもたちはかなりの問題解決能力を身につけることができます。

しかし、現在のカリキュラムでは、先生方が自由に使える時間がそれほどあるとは考えられません。もし学級活動で実施することを考えたら、小学校の場合なら年間三五時間が主に学級活動の時間として組まれていますが、その実際は行事の事前事後指導やその他で、問題解決の取り組みができるのは、せいぜい一五時間程度ではないでしょうか。よほど熱心な先生でも二〇時間がやっとでしょう。それくらいの時間数だと、「やらないよりマシ」のレベルかもしれません。

子どもたちが本当に問題解決能力をもち、他者支援にも当たり前に取り組めるようになるためには、ある程度の頻度が必要です。つまり、経験値を上げることが求められるのです。

週に一度プールに通う子と毎日通う子では泳力に差が出るように、やはり、問題解決能力をつけるにも、他者支援に取り組む力をつけるにも、ある程度の回数を経験することが力をつける条件です。

そこで、私はよほどの緊急の場合は朝の会や帰りの会の前後の学習時間の始まり一〇分程度を使ってショート・バージョンのクラス会議を実施していました。

一単位時間のクラス会議をロング・バージョンと呼ぶとすると、ちなみに、ある年の私のロングとショートの実施回数は合計五〇回で、ロングが二〇回程度、ショートが三〇回程度でした。

ショートを繰り返すことで、子どもたちは経験値を上げ、スキルの高まりを見せました。しかし、一方でじっくり考えたり、伝えたい価値や態度を教えるには、やはりロングの時間が必要だと再確認しました。

ショートとロングを組み合わせることでも、効果的に共同体感覚を伸ばすことができます。

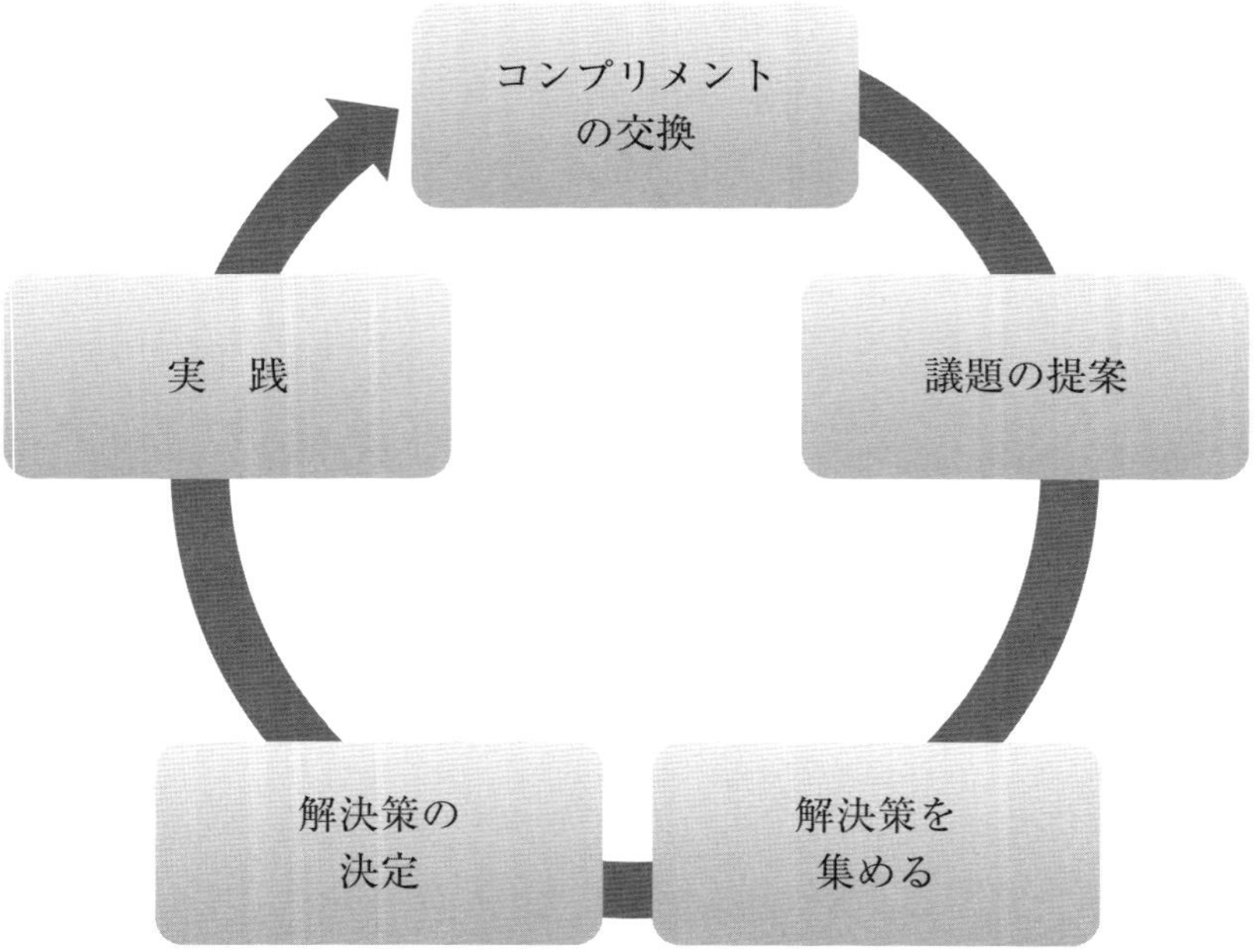

図３　クラス会議（ショート・バージョン）の流れ

まずショートの進め方です。ショートは、教師や子どもたちが必要を感じたらいつでも開催の提案をすることができます。手続きは簡単です。実施したいという願いがあって子どもたちが承認すれば、即、実施です。

「○○さんが、急ぎでみんなからアイデアをもらいたいそうだけどいいかな」

「クラス会議の議題がたまってきたようです。短い時間で解決できそうな議題を話し合ってもいいかな」

このような発議で始まることが多いです。実際の流れについては、図3をご覧ください。座席は輪になってもいいし、そのまま机を教室の中央に向けてもいいでしょう。時間のことを考えると、後者でもいいと思います。

コンプリメントの交換は、時間がなか

クラス会議（ショート・バージョン）の様子

ったら省略します。私は、あまりやっていませんでしたが、もちろんやっているクラスもあります。

次に議題の提案です。議題は、「個人の相談事」を扱うことが「多い」です。というのは、なかなか意見をじっくり検討する時間がないので、個人決定の話し合いに向いているからです。

「多い」というのは、急ぎで児童会などから話し合いを要請される議題も下りてくることがあるからです。例えば、「運動会のスローガンを決めてほしい」といった議題が下りてくる場合があるので、必ずしも相談を扱うわけでもないからです。普段は、個人の相談が多くなります。

議題が提案されたら、解決策を集めます。クラス会議ロング・バージョンでは原則的に輪番ですが、時間があれば輪番で、なければ挙手でもいいと思います。出された意見はやはり板書します。ひととおり意見が出れば、提案者の選択となります。ふり返りの時間は特に設定していません。

「もし、何か問題があったら、また提案してね」

と言っておきます。また、次のロング・バージョンの時間に、

「○○さん、この前のショートで話し合った件、どう？　うまくいっている？」

などと確認するのもいいでしょう。

スキルの向上には、ある程度の「慣れ」が必要です。「何かあったら話し合う」ことを習慣化します。習慣化することで、行動コストが下がります。こうした習慣は、教科指導の時間にも転移し、当たり前に話し合う学習が展開されるようになります。

6 カフェ方式

話し合い活動も、サイズが大きくなると参加率が問題になってくることがあります。

二五人くらいまでの学級だったら、輪番に発言してもそれほど問題はありませんが、三〇人を超えると、クラスの実態によっては、子どもたちの発言の数が減り、実質的な参加率の低下が見られることがあります。最初のコンプリメントの交換だけでも、一五分近くかかってしまうことがあります。

もちろん、三〇人を超えるサイズの学級でも、スピーディーな意見交換によって実質的な参加率がほとんど下がらないクラスを見たこともあります。私は、三七人の学級で輪番発言をしていましたので、やってやれないことはありません。しかし、院生チームの取り組みの中で生まれてきた「カフェ方式」は、時間短縮と参加率を上げるための有効なアイデアと言えるでしょう。

方法論は単純です（図４参照)。「コンプリメントの交換」と「解決策を集める」を四、五人のグループに分かれて実施します。「解決策を集める」では、「議題の提案」がなされたら、まず個人で解決策を考えます。次に、「コンプリメントの交換」のグループに分かれて、そのメンバーで解決策を出し合います。

そのときに、ホワイトボードなど、思考の整理や記録のための道具があると、話し合いが盛り上がります。また、出た意見の一覧があると、決めるときに便利です。

アイデアが集まったら、そのグループで最も適切だと思われる意見を決めます。目安の時間は、「解決策を集める」時間をおよそ一〇分としたら、個人で一分、集めるのが六分、決めるのが三分くらいでしょうか。

グループの意見が決まったら、また、座席に戻って、グループごとに簡単に発表します。今度は各グループの意見から、全員で最も適切な意見を決める話し合いをします。

このときに、グループで決まった意見を画用紙で作成した短冊などに書き、黒板に掲示していくと、話しやすいです。短冊は移動ができるので、似た意見を近くに並べたり、複数の意見を一つの意見として扱うときに重ねて貼ったりもできて便利です。

ここで注意したいのは、自分のグループの意見が最もよいとこだわってしまう態度です。どのグループの意見が優れているかを競うのではないのです。「問題解決のために最も適切な意見を探している」ことを折に触れて強調して伝え、問題解決のために他のグループの意見を認めたり、他のグループの意見のよさを積極的に指摘したりする態度を推奨しましょう。子どもたちは問題の解決に集中し始めるとそうした「こだわり」は陰を潜めます。それまでていねいに伝えていきたいものです。

全体の前では意見をなかなか言いにくい子や、輪になることに抵抗感をもちがちな中学生以上の子どもたちにはとても好評な方法です。

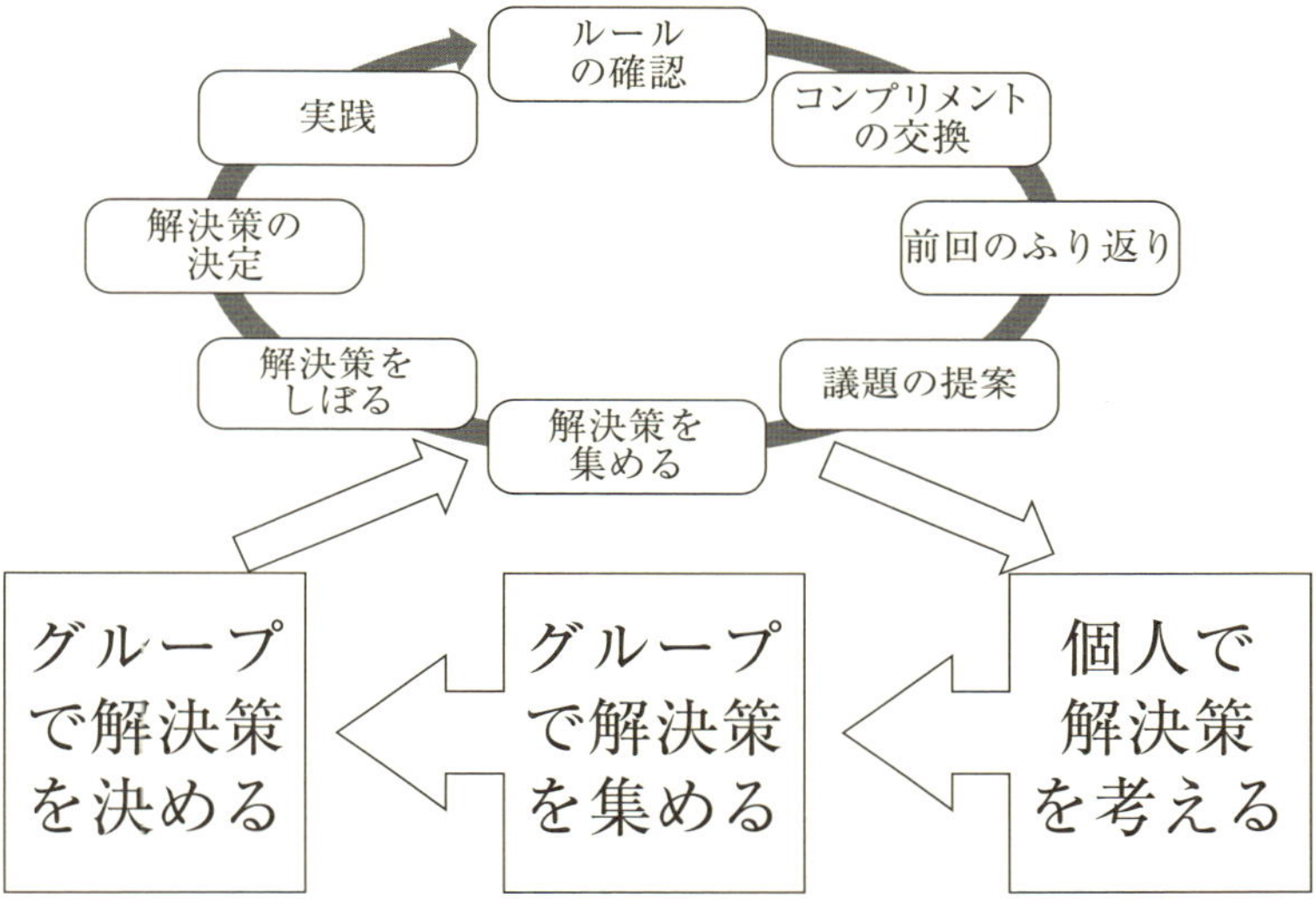

図４　カフェ方式

カフェ方式で話し合う子どもたち

7 活動を通して伝えること——クラスを育てるしつけ

クラス会議は、話し合い活動のみを指すのではなく、価値、スキル、態度の育成を含めた包括的なプログラムであると述べてきました。また、ネルセンらの「クラス会議」も、ポジティブディシプリンという、子どもたちの社会人としての成功を目指したプロジェクトの一環として位置づけていました。

だから、せっせと話し合いだけやっていればクラスが変わり、子どもたちが育つわけではありません。学級の日常指導にタイアップして取り組むことで効果があがります。

ここでは、日常指導において、子どもたちに日々伝えるべきことをまとめておきます。

これは、クラスを育てるためのしつけと言い換えることができるでしょう。以下に示すことは、クラス会議の場面だけではなく、折に触れて伝え続けてください（子どもたちに伝えることを意識して表現しましたが、子どもたちの実態に応じてアレンジしてみてください）。

（1）ポジティブな感情を大事にし、それを伝えよう　（関連：スケジュール一時間目）

毎日の生活のなかでは、ポジティブな感情だけを味わっているわけではありません。ネガティブな感情を味わうことが多々あります。だからこそ、せっかく学校に来たら、いい気分になることを見つけ、誰かに感謝して、誰かを認めたいものです。そして、それを人に伝えるようにしましょう。そうしたら、自分だけでなく人もポジティブな気持ちになれます。教室のなかの、あたたかでやわらかでポジティブな雰囲気を大事にしましょう。

それをつくっているのは一人ひとりのメンバーなのです。

（2）物事は順番にやろう　（関連：スケジュール一時間目）

一人がずっと同じことをやっていることはありませんか。誰かがずっと話し続けていることはありませんか。みんなで話し合うなら、みんなで意見を言いましょう。たとえパスしてもいいから、みんなのなかで起こっていることに関心をもちましょう。

全員に役割はありますか。その役割が尊重されていますか。ここにいるみんなは対等な立場です。誰かが偉い、偉くないということはありません。

（3）みんなで決めたことはみんなでやろう　（関連：スケジュール一時間目）

何かを決めるときにみんなで決めていますか。みんなにかかわることを一部の人で決めていませんか。

みんなにかかわることはみんなで決めましょう。そして、みんなで決めたらみんなで取り組みましょう。みんなで決めたことを尊重しましょう。

（4）聞いていることを態度で示そう

（関連：スケジュール二時間目）

自分の話をどんなふうに聞いてほしいですか。笑顔でうなずきながら聞いてほしいですか。それとも、よそ見をしたり、そわそわと落ち着かない様子で聞いてほしいですか。話し手を勇気づけるのは、聞き手の態度です。話している人が安心するように「あなたの話を聞いていますよ」ということを態度で示しましょう。

話を聞くと言うことは、単に耳に情報を入れることではありません。相手とのよい関係をつくることなのです。

（5）相手の感情に配慮した言い方をしよう

（関連：スケジュール二時間目）

相手の感情を考えて話をしていますか。たとえ正しいことでも、言い方を間違えると相手を傷つけてしまいます。自分が違うと思っても、それは相手にとっては本当のことであり、大切なことかもしれません。

まずは、受け止めてから、「私は～だと思う」というように、決めつけず、一つの意見として伝えましょう。また、相手の言い分を聞いてから、自分の言いたいことを言うとよく伝わります。相手とよい関係になれるコミュニケーションを心がけましょう。

(6)話し合うのは問題を解決するためです

(関連：スケジュール二時間目)

私たちが話し合うのは、どちらの言い分が正しいか、また、どちらが強いかを示すためではありません。わかりあうためです。どこが違って、そして、どこならば協力できるのかを探すためです。

話し合う目的は、互いを理解し問題を解決するためです。大声でどなりあっても、ましてや、人を責めても、罰しても問題は解決しません。宿題を忘れたから掃除をさせる、ルールを破ったから仲間に入れない、悪口を言われたから悪口を言い返すというのは心情的にはわかりますが、基本的に誤りです。罰や非難を問題の解決に使ってはいけません。

罰や非難を解決に用いようとすると、互いを尊敬できなくなります。罰や非難を用いる人は相手を尊敬していません。また、罰や非難を用いられると相手を信じられなくなります。互いに尊敬の気持ちを失うことは、問題が解決しない以上によくないことが起こります。互いへの尊敬の気持ちが問題解決の第一歩です。

私たちが話し合って問題解決をするときは、互いへ尊敬の気持ちを失わないように心がけることが最も大事なことです。

尊敬の気持ちに支えられた問題解決は成功します。当然、その逆は失敗します。互いを尊敬し合うことができた問題解決は、互いの尊敬の気持ちをさらに高めます。

(7)安心して話し合うにはルールが必要です

(関連：スケジュール二時間目)

教室でいちばん大切なことは、みんなが一人残らず安心できることです。

安心できるためには、私たちが傷つけられないルールが必要です。教室でいちばん傷つく可能性があるのは、コミュニケーションがうまくいかないときです。だから、私たちが安心してコミュニケーションがとれるためのルールを決めておきましょう。

そのルールは、教室の見えるところに掲示して、いつも意識しましょう。そして、みんなで決めたルールはみんなで守りましょう。

（8）一人一人みんな、見方や考え方は違います

（関連：スケジュール三時間目）

人は同じものを見ていても、見ているところや見え方が違います。したがって、考え方も違うものです。自分がAだと思っても、他の人はBやCだと思っています。だから人と同じ見方や考え方をしなくてはならないと思う必要はありません。違っていいのです。しかし、協力するためには、その違いをわかりあう必要があります。

だから、話し合って「どこが同じで、どうしたら協力できるか」を見つけるのです。

（9）物事にはよい面とそうではない面があります

（関連：スケジュール三時間目）

人はみんな見方や考え方が違うように、物事には有益な面と無益な面、長所と短所、肯定的な面と否定的な面など二つのとらえ方ができるものです。物事を考えるときや決めるときは、その両面を考えて、その状況でどちらが最適かを考えるようにしましょう。

物事の多くには、絶対的に正しい、絶対的に間違っているということはありません。正解を考える

のではなく、最適解を考えるようにしましょう。

(10) 人の長所に注目しよう　（関連：スケジュール三時間目）

人は見方や考え方が違い、物事にはよい面とそうでない面があることは、人に向き合う態度も同じことが言えます。あなたが知っているように私たちには、長所も短所もあります。また、人は、私たちのことをよく知らなくても、私たちをよく見ることも悪く見ることもできます。物事の見え方は、その人の見方や考え方によって決まります。物事のよさに注目する人には物事のよいところが見え、そうではない人にはそうでないところが見えます。

あなたは、自分の長所を見てほしいですか、それとも短所を見てほしいですか。おそらく、前者だと思います。だから、まず、自分から他者のよいところに注目しましょう。長所に注目された人は、やる気が出ます。私たちは、やる気をもつと誰かに貢献しようとします。誰かに貢献し、感謝されるとさらに勇気が出ます。

(11) 人がよくないことをするときはやる気がくじかれているのです　（関連：スケジュール四時間目）

私たちは過ちを犯すと責められ、罰せられることがあります。罰を与えるというと大袈裟かもしれませんが、非難されたり、馬鹿にされたり、笑われたり、無視されたりすることは基本的に罰を与えられていることと変わりありません。

私たちはそのようにされると、元気をなくすことはあっても、よい行いをしようという気にはなりません。つまり、責めたり罰を与えたりすることで、その行いをやめさせることはできても、よい行いをさせることは難しいのです。

また、逆によい行いをすることをあきらめてしまった人は、無視されるくらいなら、責められても罰せられてもいいと思うようになることがあります。

人にとって注目されることは、それくらい大きなことです。人は、注目されるためならば、よい行いもするし、まったく逆のこともします。よくないことを繰り返しする人は、よいことをするやる気がくじかれているのです。

だから、よくないことを繰り返す人を、責めたり罰したりすることは逆効果です。よいことをする気をますます失い、さらに、よくないことを繰り返すことになります。

(12) 人がやる気になるのは安心したときです

(関連：スケジュール四時間目)

人がよいことをするのは、そのためのやる気をもったときです。私たちがやる気になるのは、安心感を感じることができるときです。失敗してもだいじょうぶ、失敗しても誰かが応援してくれる、支えてくれるなどのことを実感したときに、私たちは安心感を感じます。

人を責めて罰する行為は、私たちの安心感を奪います。だから、やる気を失います。逆に、その人の長所を見つけ、励まし、応援し、そしてきっとできると信じることで安心し、よいことをするやる気が出てきます。

誰かがよくないことをしていたら、それを責めたり罰したりするのではなく、話を聞いて、どうしたらよいことができるか相談に乗りましょう。そして、その人がよいことができるためのアイデアを出してあげましょう。あなたの人を応援したいという思う気持ちと行動が、その人をやる気にさせます。

(13) ブレインストーミングを覚えましょう

（関連：スケジュール四時間目）

ブレインストーミングは、人を助けるときとても有効です。安心した雰囲気のなかで、たくさんのアイデアを集めることができます。そのなかから、誰から助ける知恵、みんなの生活をよりよくする知恵が見つかることでしょう。

やり方は簡単です。その場にいる全員が、順番にテーマに関するアイデアを出すだけです。「間違ったらどうしよう」などと考えることはありません。そもそも間違いなんてないのです。

そんなことを気にするよりも、テーマに即したアイデアを出すことに集中しましょう。

ブレインストーミングで大事なことは、「誰が一番優秀か」を競うことではありません、「みんなで優れたアイデアを見つける」ことです。

次に示すのは、よく示されるルールです。

①思いついたらどんどん言おう
②人の話を最後まで聞こう
③人の話は、まず「いいね」という態度で受け入れよう（人の話を非難しない）

繰り返し体験しながら、覚えていきましょう。

(14) 協力しよう

（関連：スケジュール四時間目）

ブレインストーミングは、協力の仕方を学ぶ一つの方法です。

競争は一時的に私たちの力を引き出します。しかし、それは長続きはしません。それは短距離走のようなものです。マラソンをするように、私たちの力を長時間引き出してくれるのは、協力です。競争がすべて悪いとは思いません。

ただ、私たちが素晴らしいと思ってる競争は、多くの場合、相手があって成り立つものであり、相手との協働において優位性を競うものです。そして私たちの多くが競争に感動するのは、相手を打ち負かしたことよりも困難に打ち勝ったことに対してです。相手をなきものにする行為を素晴らしいとしているわけではありません。

私たちが協力する素晴らしさを知り、協力に必要な態度を学び、協力的な行動をすることができるようになったら、私たちの生活はさらに豊かにエネルギーあふれるものになるでしょう。

(15) 仲間を尊敬しよう

（関連：スケジュール四時間目）

私たちがやる気をもち、仲間への貢献をしたり、自らを高めるために努力するのは尊敬されたときです。馬鹿にされたりないがしろにされたり無視されているときは、建設的な努力へのエネルギーは湧いてこないのです。ただし、尊敬といっても相手にひざまずきひれ伏すようなことを求めているわけではありません。相手の話に耳を傾け、相手の長所とあり方を理解しようとする態度を向けようと言っているのです。

もし、あなたのそばによくないことをして注目を得ようとしている人がいたら、その人は、自分が尊敬されていない、大切にされていないと思っているのかもしれません。そうしたらその人の話をよく聞き、その人のよさに目を向けてみてください。きっと、その人の行いに変化が表れるはずです。

(16) 自分たちの問題は自分たちで解決しよう

（関連：全体）

クラスに問題が起こって一番困る人は誰ですか。また、クラスが過ごしやすくなって最も嬉しいのは誰ですか。誰か困っている人がいるのに誰も助けようとしないクラスにいていちばん困る人は誰ですか。また、誰か困っていたら誰ともなく助けてくれる人がいるクラスにいて最も嬉しいのは誰ですか。それは先生ではなく、みなさんです。

みなさんは、自分たちのことをあれこれ先生に言われながら過ごすクラスになりたいですか。また、自分たちのことは自分たちで決めることができるクラスになりたいですか。どちらのほうが、これからの自分たちのためになりますか。

自分たちの問題を自分たちで解決することは、自分たちの生活に責任をもつことになります。生活することに責任をもてる人は、自分に自信をもつことができます。自分に自信をもつことは、私たちが幸せに生きるためには欠かせないことです。

(17) 誰かの役に立つことをしよう

（関連：全体）

誰かが困っていたら

「何かできることはある？」

と聞いてみましょう。そして、その人が援助を求めていたら、進んで手を差し伸べましょう。

また、逆にあなたに困っていることがあったら、遠慮なく友達に、

「ちょっと助けてくれる？」

と声をかけてみましょう。

助けを求めることは恥ずかしいことではないし、誰かに迷惑をかけることでもありません。仲間を尊敬し、信頼しているからこそできることなのです。あなたがちょっと勇気を出して声をかけてみたら、尊敬すべき友人が大勢いることに気づきますよ。

学校生活はチャレンジの連続です。チャレンジは簡単には成功しません。実は困っている人がまわりにたくさんいるのです。一人でできるようになることは大事なことです。しかし、すべてのことを一人でやり遂げなくていいのです。

「ちょっと助けてくれる？」

「何かできることある？」

という声があちこちで聞こえてくると、クラスはあたたかくやる気に満ちてくるはずです。

(18) 自分を信じよう （関連：全体）

私たちが最も苦手なことは、「自分に自信をもつこと」です。自分に自信をもつことができたら、私たちはやる気があって元気な毎日を過ごすことができます。だからといって自分に何度も「自信をも

たなきゃ」と言い聞かせても、そう簡単には自信は湧いてきません。しかし、人と助け合い、誰かを助けたり何かを成し遂げると自信は湧いてきます。

人を尊敬し、信頼すること、人とつながること、人を助けること、自分の生活に責任をもつことを通して自信は湧いてきます。誰かが困っていたら進んで助けましょう。力を合わせてみんなの問題を解決しましょう。そして、まわりの人に感謝しましょう。そんな時間のなかで、沸々と自信が湧き上がってきます。

自信は人から与えられるものではなく、また、自分一人だけの力で得られるものでもありません。人とのつながりのなかで得ることができるものなのです。つまり、私たちの幸せは、人とのつながりのなかで見えてくるのです。

＊1　赤坂真二『赤坂版「クラス会議」完全マニュアル――人とつながって生きる子どもを育てる』ほんの森出版、二〇一四年

＊2　ジェーン・ネルセン、リン・ロット、H・ステファン・グレン（会沢信彦訳）『クラス会議で子どもが変わる――アドラー心理学でポジティブ学級づくり』コスモス・ライブラリー、二〇〇〇年

Part Ⅲ

クラス会議　実践的Q&A

1　マニュアルは最低限

近年、あちこちでクラス会議に関する勉強が開かれるようになりました。土日の私的な研修会ももちろんですが、自治体の研修会でもクラス会議の魅力を伝えるお時間をいただいています。小学校、中学校、高等学校、特別支援学校と、校種にかかわらず、クラス会議に関心をもつ先生方は多くいます。そのなかで、実践者やこれから実践しようとするみなさんから質問をいただきます。

マニュアルどおりにやって物事がうまくいくほど、現実は甘くはありません。マニュアルはあくまでも、スタートラインにすぎません。しかし、マニュアルがないと一歩を踏み出しにくいのも現実です。そもそも私がマニュアルをつくったのは、マニュアルを超えるような実践が次々と出てきてほしいという願いからです。マニュアルを現実にしていくのは、やはり実践なのです。そして、その実践から生まれる疑問が、マニュアルに現実を乗り越える力を与えます。

本章では、研修会などでいただいた質問に答える形で、マニュアルでは述べることができなかった、クラス会議の実践的な課題に答えていきたいと思います。

2　実践的Q＆A

⑴　準備段階

Q【導入するにあたり】
クラス会議を始めるには、準備段階の大切さを痛感しています（トーキングスティックの意味、輪になることの意味等）。準備段階で、気をつけなくてはならないポイントとその対策は何ですか。

準備段階としては、最初のインストラクションが特に大事です。最初の投げかけでは、次のような語りや手続きが有効です。

① どういうクラスを目指すのか?
② そのクラスを目指すためにはクラス会議が必要であること
③ 実施に際して子どもの合意を得ること

クラス会議の導入には、「何のためにクラス会議をするのか」という「意味づけ」と「どうしたらそれが実現できるのか」という「見通し」を示すことが大切です。私たちは、「意味」と「見通し」がわかると、やる気になります。

クラスでの生活や互いの悩みについて話し合うという感覚は、これまでのクラスでもなかった可能性が高いですし、家庭生活においてもないだろうからです。物事を始めるときには、意味づけをしっかりやっていくといいでしょう。

次に示すのは一例です。クラスの実態に応じて話をしてください。

「みなさんは、『自分たちのことを自分たちで決めるクラス』と『先生にあれこれ言われて動くクラス』、どちらがいいですか。もし、自分たちのことを自分たちで決めることができたら、どんなことがこのクラスに起こるかな。また、先生にあれこれ言われて動いていたら、どんなことがこのクラスに起こるかな（それぞれ考えさせます）。先生は、人が喜ぶことを自分で考えて行うような人たちがたくさんいるクラスになってほしいです。みなさんはどうですか」

これが「意味づけ」の例です。また、次に示すのが「見通し」を示す例です。

「そんなクラスになるために、みんなのことはみんなで決める、困っている人がいたら、みんなで助ける、そんな活動をする時間をとりたいと思いますが、賛成してくれる人はどれくらいいますか」

それが実現したら、ステキなことが起こるだろうということを想像させながら、教師の思いを本気で語ることが大事だろうと思います。本気とは、けっして押しつけたり、命令したりすることではありません。明るく夢を語るように伝えます。

また、こうした意味づけと見通しの提示は、一度では伝わりません。子どもたちが体験を通して、そのよさを実感するまで何度でも伝えるようにします。勉強することは、ある程度子どもは理解しています。しかし、それでも「なんで勉強するのか？」という疑問を投げかけてきます。

クラス会議のよさを実感できないうちは、子どもたちは「なんでこんなことするの？」と言ってきます。それも、不特定多数の子どもが何度も言ってきます。クラス会議の効果が発揮されるのは、継続的な意味づけと定常的な実践が保証されたときです。意味づけが弱いと、子どもたちは途中でその意味を見失う可能性があります。子どもたちの動きが鈍かったり、マンネリ化してきたと思ったら、「何のためにするのか」「どのようにするのか」を子どもたちと確認したいものです。

「迷ったら原点に還る」を忘れないようにします。

（2）輪になる

Q【いつ輪になるか】

休み時間に、子どもたちが輪になっていることがあります。一度それを「おお、すごいね」と言ったら、何も言わなくても、そうしていることがけっこうあります。

しかし、私は輪になることの意味をちゃんと語っていたかなとふり返りました。自分たちでやることはよい、でもそうすると、輪になる意味を知らせることや、輪になるときの約束を守れているかどうかが把握できていない、という点を考えると、クラス会議が始まるときには、教師が教室にいるところからスタートしたほうがいいのでしょうか。

子どもたちが自分たちで輪になっているのは、それはそれで素晴らしいことだと思います。ときどき、理念を確認されるといいのではないでしょうか。

「どうして輪になるか知っているかな？」

「輪になるときの約束を守れている？」

などと声をかけてみてはいかがでしょうか。

クラス会議実践者のクラスでは、よくこうしたことが起こります。普段は、国語や算数の学習準備をしない子どもたちが、クラス会議のときだけは、輪になって待っているなどということが起こります。それは歓迎すべきことです。自らの意思で動いているのですから。

クラス会議は子どもたちの主体性を尊重する活動です。子どもたちが自分たちで動こうとしているなら、それを推奨し喜ぶべきだと思います。

ただしばしば、軌道に乗ると当初の意味が忘れられることがあるので、ときどき確認すればいいと思います。

Q【輪になる時間】
クラス会議のときに輪になっていますが、輪になるのに時間がかかります。どのようにしたらいいでしょうか。

ストップウォッチなどで、輪になるまでの時間を計るといいでしょう。ただし、そのときに気をつけなくてはならないことは、時間を短縮することに子どもの意識が偏りがちになってしまうことです。「思いやりをもって、素早く、静かに」という約束を言いますが、「素早く」「静かに」は、見てわかりやすいので、子どもたちも比較的容易に実現します。しかし、「思いやり」の約束は、見えないだけに、おろそかになってしまうことがあります。思いやりと素早さと静かさがセットになっているところが大事なのです。

私が子どもたちに伝えていたことは、

「『素早く、静かに』できることは素晴らしいことだよ。でも、だからと言ってそれを成功させるときに、誰かが嫌な思いをしたり、悲しい思いをしたりしたら、意味がないんだよ。世の中は、どうなったかということに注目が集まりがちだけど、それをどうやったかということはさらに大事なことだと思うよ」

ということです。

人にも、場にも、思いやりをもった行動が必要です。机の運び方、椅子の運び方、並べ方すべてに思いやりをもっているかどうかを教師が見て、適切な行為に対しては、「嬉しいねえ」と喜びを表現して、それが適切であることを可視化します。

・椅子を両手で持っているか
・机を引きずらないで運んでいるか
・人に先を譲っているか

なども、小さなことかもしれませんが、大事なことです。私はそれらのことを見ています。

(3) 座席

Q【座席における偏り】

話し合うときは、輪になって座らせています。自由にすると男子は男子同士、女子は女子同士

になってしまいます。混合にする際は、普段の席順を基本にすることが多いです。男女関係なく座ってほしいと思っています。何かいいアイデアはありませんか。

輪になるときの座席を自由席にしているクラスが多くあります。質問のような事態はよく起こります。良好な関係性を願ってクラス会議をするならば、男女や、そして、仲良しグループに関係なく着席してほしいと願う気持ちはよくわかります。

クラス会議の本来の趣旨に還ります。クラス会議は何のためにするのかを子どもに想起させます。そうしたときに、いまの座り方は本当にいいのかを考えさせます。目的を達成するための座り方になっていないのだったら、どうしたらいいかを子どもに考えさせます。

「みんなが願っている姿は、こうやって男女が固まる状態なのかな」

などと問いかけてもいいでしょう。しかし、教師だけが問題意識を感じているときに、子どもに問題を預けても、子どもは本気になりません。教師の問題意識をしっかり伝える必要があります。

もし、教師が問題だと思っているならば、もっと直接的に訴えてもいいと思います。

「みなさん、男子と女子が固まっていますよ。男子か女子かに関係なく座ってもらえると嬉しいんだけどな」

「なんか、椅子がいつものメンバーで固まっているみたいだよ。クラス会議の時間は、ちょっといろんなメンバーと座ってみませんか。いろいろな人と話すチャンスだよ。はい、席替えしましょう」

と率直に明るく言えばいいと思います。子どもたちだって悪気があるわけではありません。普段一緒にいる仲間以外の人とかかわる勇気がちょっと足りないだけです。

(4) コンプリメントの交換

Q【コンプリメントにおける偏り】

アイスブレーキングの肯定的な感情を出し合う場について。「○○くん、~してくれてうれしかったよ、ありがとう」と、特定の個人に対して発言するということですか。一人一人が肯定的な感情を出すということが大切だと思うので、対象は関係ないかもしれませんが、誰かに偏りがあった場合、子どもは子どもで気になると思うのですが(特に高学年は)、どのように声かけをするのでしょうか。

コンプリメントを受ける立場に偏りが見られることは、確かに気になるところですね。コンプリメントを受ける対象は、特定の個人の場合もあれば、複数であることもありますし、自分自身であることもあるし、クラス内に対象がいることもあれば、いないこともあります。

ここでの第一目的は、肯定的感情の表出であり、積極的な雰囲気をつくることです。もし、偏りが心配な場合は、「今日は隣の人に」などと全員にコンプリメント(肯定的メッセージ)が渡るように配慮してもいいかもしれません。

一方で、子どもたちには、コンプリメントを「言われるより、言うほうが大事」と伝えて、言えた子どもたちに感謝するようにします。こうした話を適宜するようにします。すると、コンプリメントされた子どもは嬉しいですが、言われないからといって不満を口にすることはないようです。

子どもたちがそうした認識をするようになるためには、コンプリメントの交換の部分での指導だけでは足りません。

子どもたちが自分を認めてもらいたいと思うのは自然なことです。ですから、普段から、「人にほめられるよりも、ほめる人になろう。認められるよりも、認める人になろう」という話をして、実際に、人をほめたり認めたりする子を評価するようにします。

そのためには、教育活動のなかに、日常的に認め合いの時間を設定しておくような工夫が必要です。ちなみに私のクラスには、帰りの会のプログラムに「いい気分・感謝・ほめ言葉」というのがあり、クラス会議の時間以外にもコンプリメントを交わす時間を用意しておきました。

また、帰りの会の最後の私の話のなかに、「今日のふわふわ言葉」というコーナーがあり、子どもたちの発言や日記のなかで仲間をほめたり認めたりするような言葉を見つけた場合にそれを紹介して、教室に掲示していました。

認められるよりも認めること

認められたいと思うことは悪いことではありません。しかし、認められるよりも元気になれる生き方を子どもたちに伝えたいものです。子どもたちの日常生活にはない価値観は、教師が伝え続けないと、子どもたちには定着しません。

(5) 前回の解決策のふり返り

Q【機能するふり返りの方法】
決めたことを実行に移すことが大切なことがわかりました。そのふり返りの具体的な方法を教えていただきたいと思います。

クラス会議には、前回の解決策をふり返るプロセスがあります。そこで、前回の解決策がうまくいっているかどうかをふり返ります。

人の行動は、注目される方向に喚起されます。話し合いが機能するということは、話し合いによって生活が改善するということです。生活が改善するということは、子どもたちの行動に変化が起こるということです。ゴミを拾う子にしたかったら、その行動に注目することです。話し合った結果に注目するためのシステムとして、それをふり返ることによって評価をします。人の行動は、評価によって喚起され、評価される方向に向かいます。

投げかけの方法は、実施している学級の進行の仕方によって違いますが、ここでは典型例を示します。個人的な議題の場合は、提案した個人に確かめます。集団決定の場合は、全員に聞きます。

例えば次のようにします。

「前回の解決策は、『……』でした。これはうまくいっていますか、うまくいっていませんか」

うまくいっていれば、次の議題を議題箱から出して、話し合いに入ります。

うまくいっていない場合は、

① うまくいっていないところを指摘してもらい、新たな解決策を話し合う。
② 次回のクラス会議まで、いまの解決策を続けて様子を見る。

などの選択を議題提案者がします。その場合、司会のほうから選択肢を与えるといいでしょう。

「新しい解決策を話し合いますか、それともいまの解決策を続けてみますか」

というようにです。個人の場合は、個人。集団の場合は、①か②か挙手などで確認します。

陥りがちなのがこの手続きが「儀式化」することです。うまくいっていないのにうまくいったように先へ進めてしまうことは、クラス会議そのものが儀式化する危険性を高めます。クラス会議の目的は生活改善です。ですから、うまくいっていない現実にはしっかりと向き合わせます。

しかし、子どもたちに反省を迫るような雰囲気があっては、子どものモチベーションが下がります。教師は、子どもたちの挑戦やできたところまでの努力をきちんと評価します。そして、「次はどうする？」「何にチャレンジするの？」と応援するような雰囲気で、子どもが次の挑戦を楽しめるようにします。

取り組みをふり返る場は、クラス会議における試行錯誤を保証するシステムと言い換えることもできます。この試行錯誤があるから、子どもたちは学ぶのです。失敗をするから、人は学びます。失敗をするから、工夫をします。むしろ、すんなり成功してしまったら、喜びや達成感などの肯定的な感情がそれほどわいてきません。

試行錯誤を経た成功が子どもたちを育てる

こうした認識をもつ教師のクラスで子どもたちは力をつけます。

Q【意味や「よさ」】
決めたことを一週間だけ実行するというお話をうかがい、やってみたのですが（ドッジボールのルールなど）、「せっかく決めたのに残念」と思い、ついついずっと続けてしまいます。自然に、決まりになっていったものもありますが、一週間の実行期間について、もう少し、その根拠やよさを教えてください。

クラス会議は、決まったことがうまくいっているかどうかを、次の会で、ふり返ります。その結果、「決まったルールは一週間の有効期限」であるというような、解釈がなされることがあります。しかし、これは、必ず一週間でやめるというものではありません。

「決めたことを定期的にふり返る」というのが本来の趣旨です。一週間に一度クラス会議をやっているクラスでは、ルールを決めた場合は、そのルールの効果を試す期間が、一週間となるわけです。うまくいっていれば、そこでルールとしての必要性がなくなります。しかし、だからといって必ずしもなくす必要はないわけです。学級生活にはルールがないと不具合が出るのであれば、「ルールを継続しよう」と子どもたちが確認すればいいのです。うまくいっていなければ、そのルールで様子を見るか、新しいルールを決めるかです。

ドッジボールのトラブルは、私の学級でもありました。鬼ごっこのルールも話し合いました。子どもたちは遊ぶときには、そのルールを追加して遊んでいました。話し合ったルールが生活に根づいたわけです。

「ドッジボールで遊んだら、ボールを片付けるのは最後にボールを触った人」というルールがあったとします。ボールを放置する子が誰もいなくなったら、そのルールは必要がなくなります。

一方、守られていないルールを残しておくことは、それこそ非教育的です。ルールが破られるたびに、子どもたちにルールは守らなくていいと教えているようなものです。先ほどのルールがあるのに、誰もボールを片付けなかったら、別なルールが必要です。そのルールを残しておくことに問題があることは誰もが楽に予想できることでしょう。

(6) 議題

Q【導入期にふさわしい議題】

クラス会議はまだ実践していませんが、困っていることを話し合う時間を週に一度もっています。ただ、話し合いに何の期待もしていない子が多く、やはり一部だけで話が進められている現状です。

クラスに起こった問題だけを話し合っていると、そうした傾向になりがちです。困っている子とそうでない子がいるからです。

また、問題はネガティブな事態が多くなることでしょう。質問者は、教室で起こったトラブル、つまり、「困ったこと」を話し合っているようです。子どもたちにしてみたら、「やれやれ」という思いになっているのではないでしょうか。みなさんの職場で、トラブルが起こるたびに上司が「話し合え」という命令をしたらどんな気持ちになりますか。教師からしてみれば、それはクラスの一大事であり、重要な働きかけなのですが、子どもたちから見れば、厄介なことであり、命令です。たまったものではありません。「何の期待」もしなくなることは当然のことのように思われます。

さらに言えば、子どもたちが話し合いに「何の期待」もしていなくて当たり前だと思います。話し合って、よかったという実感をもった経験がほとんどないからです。私たちが期待を抱くのは、それが楽しそうだったり、それによって得をした経験があるときです。そのどちらもない状況で子どもたちが、期待をするわけがありません。

これは学校に限ったことではありません。民主社会では、職場、地域、家庭など人の集まるところで、共通理解を図り、意思決定をしようと思ったら、そこには会議や話し合いが必要なのです。しかし、それがあちこちで機能しなくなっているから、「職務の断捨離」などとして、会議が真っ先に削り取られます。しかし、0にはなりません。なぜならば、民主社会だからです。民主主義を実現しようと思ったら、そこに話し合いは絶対に必要なのです。

話し合いに期待しないということは民主主義をあきらめること

です。よりよい民主社会を実現しようと思ったら、機能する話し合いを実現する必要があるのです。

話を本題に戻します。

クラスにまだ、「われわれ意識」のような、「みんな」という感覚が育っていない状況で、いきなり「困ったこと」をぶつけるのは危険です。ですから最初は、全員が当事者になりやすい、しかも、楽しい話題がいいと思います。

お楽しみ会などがいちばん取り組みやすいでしょう。また、大事な議題については根回しも必要だと思います。議題について前もって、数人と一対一で、「～についてどう思う？」などと話をして、課題意識を喚起しておくのも手です。また、クラスのトラブルを話し合っていると、子どもたちはなんだか先生に間接的にお説教をされている気分になってしまうことがあります。そうではなく、個人的な悩み事を扱ってみたらいかがでしょうか。「きょうだいゲンカが多くて困っている」「朝起きられなくて困っている」「好き嫌いが多くて困っている」などの問題は、個人の困り事のようでいて、多かれ少なかれみんなが困っていることだから、話し合いが盛り上がります。

クラス会議は一攫千金《いっかくせんきん》を狙うような実践ではありません。少しずつ少しずつ、クラスに埋まっている宝を掘り出すようなものです。

議題を出しても全員が関心をもたなくて当たり前

これくらいの教師の謙虚な意識が、実践を成功に導きます。

Q【議題の取り上げ方】

小学校一年生を担任しています。議題は子どもたちの申し出から取り上げています。議題箱や議題提案用紙をつくってシステム化しなくてはと思いますが、いまのままではまずいでしょうか。

一年生という発達段階から考えると、子どもたちが言ったことを取り上げる、という方法はやりやすいのではと思います。また、私はむしろ議題箱がなくても自然に議題が出てくるのが理想だと思っています。議題箱は、議題を取り上げるための道具です。

「何か話し合いたいことはありませんか」

と言って、議題がどんどん出てくるならば、それはそれでいいでしょう。ただ、話し合いたいことを抱えながら、手を挙げて提案できない子もきっといるだろうと想定されます。声として上がらない議題を把握するためには、議題提案用紙と議題箱という道具があったほうがいいのではないでしょうか。

Q【不適切な議題】

クラス会議の本を読んだり、実践している方々の話を聞いたりしていると、クラス会議は、どんな議題でも扱えるような気がしてきますが、議題として不適切なものはありますか。

クラス会議も学級生活における諸問題を扱う話し合い活動ですから、学級会と同じように不適切な議題が想定されるでしょう。

例えば、「小学校学習指導要領解説 特別活動編」には、児童に任せることができない条件の例として、「個人情報やプライバシーの問題、相手を傷付けるような結果が予想される問題、教育課程の変更にかかわる問題、校内のきまりや施設・設備の利用の変更などにかかわる問題、金銭の徴収にかかわる問題、健康・安全にかかわる問題」が挙げられています。

クラス会議においても、やはりこうした問題には慎重に臨むべきだと考えます。しかも、クラス会議では個人の議題を扱うことがありますから、個人情報やプライバシーの問題にかかわるような議題が出てくると思います。

例えば、私のクラスでは、転入してきてからなかなか友達ができずに悩んでいた子が、「友達が欲しい」と議題を出したことがあります。私は心配になり、話し合う前にその子と二人で話をしました。その子が、「みんなを信じている。みんなに相談したい」という強い意志をもっていたので、議題として認めました。話し合い中に、その子が困るようなまた、傷つくような意見が出そうになったら、すぐに会議を止める気でいました。しかし、いざ、話し合ってみると、

「そんなこと心配していたの？」

「じゃあ、今日、さっそく遊ぼうよ」

「ぼくのやっている係に入らない？」

などの意見が出て、すぐに解決しました。

しかし、だからといって読者のクラスでもこうした議題について取り組んでみることをお勧めするわけではありません。クラスは、全部違います。相談する子の個性や置かれている環境も違います。やはり、子どもたちのなまの声をそのまま議題にするクラス会議だからこそ、事前に議題に目を通して、配慮を欠かさないことが大事です。

（7）話し合い

Q【話し合いが終わらないとき】
クラス会議をやっていていつも思うのが、時間設定をどうしようかということです。気づいたら終了時刻で、ついつい延長してしまうことや、先延ばしにしてしまうことがあります。よりよい方法と考え方を教えてください。

子どもたちの話し合いが盛り上がってくると、それを途中で止めるのは心が痛みますし、「もったいない」と思うことでしょう。

ただ、長い目で見ると一単位時間で終えることを貫いたほうが、会議の緊張感が出てきますし、クラス会議を支持する子どもも増えるだろうと思います。とても盛り上がっているようでも、全員の表情をよく見れば、なかには「時間どおり終わってくれ」「早く終わってくれ」と思っている子がいるはずです。休み時間を、教師の思い込みでつぶさないほうがいいです。

時間管理は子どもたちに任せるのがいいでしょう。

次のような手立てをとります。

① 副司会にストップウォッチなどを持たせ、時間を把握させる。
② ビッグタイマーや、特別支援などで活用される残り時間が表示されるタイマーを黒板付近に置き、時間を全員に意識させる。
③ どうしても延びてしまいそうなときは、司会に「このあとどうするか」の合意を諮らせます。

私のクラスでは、司会が次のように言っていました。

「このままでは時間になります。この続きをどうしますか？　多数決にしますか、別の時間に話し合いますか？」

子どもたちが後者を選んだら、後ほど、司会と教師が相談して別の時間を設定します。しかし、授業時間は簡単に与えないほうが望ましいでしょう。話し合いさえすれば、時間がもらえるという安易な認識をもたせないためです。

あくまでも延長は「ハプニング」であり、サッカーで言う「ロスタイム」のようなものです。私の学級では、朝の時間「モーニングクラス会議（モー・クラ）」や、給食時間の「ランチクラス会議（ラン・クラ）」などしていました。もちろん、一時間目や昼休みに食い込むことがないようにします。

Q【時間内に発言できない子】
小学校一年生の担任です。発言できない子もおらず、いい雰囲気でできているのですが、後半

の賛成や心配な意見を出しているときに時間切れとなり、言い足りない子がいるままで解決策を決めてしまっています。限られた時間のなかでできることをと思ってはいるのですが、どんな方法がありますか。

中途半端でもいいのです。「時間がきたから」と言って話し合いを切り上げてもいいと思います。それよりも時間いっぱい話し合ったことをたっぷりほめてください。完成度の高い話し合いをするよりも、話し合いが好きだ、楽しいという思いを優先したいところです。まだ、言いたそうにしていたら、

「もう時間がきているのに、まだ、言おうとしてくれている人がいるんだね。先生は、とっても嬉しいです」

などと言って、いっぱい言おうとしているその姿を認めてあげてください。

もし、先生がもう少し話し合わせたかったら、最初のコンプリメントをグループでやるとか、カットして後半に余裕をもたせたらいかがでしょうか。でも、きっと言いたい子はどこまで言っても言いたいかもしれません。それよりも、時間内で話し合いをつくりあげる習慣をつけたほうがいいかと思います。

学級担任をしていると、一時間に全員を発言させたいと思うかもしれません。それは無理もないことです。

しかし、もっと大事なことは、

誰が発言しているかよりも、話し合いに誰が関心を向けているか

です。目立ちたくて発言をしている子もいれば、友達を助けたくて発言をしている子もいます。意見を言わない子でも、話し合いに無関心な子もいれば、人の話にじっと関心を向けている子もいます。小学校一年生という発達段階を考えると、まずは、楽しそうに参加していることを重視してよいと思います。クラスの成長に応じて、参加の仕方を重視していくようにしたらいいと思います。

Q【多数決の捉え】

複数の意見から一つの意見にしぼるときにいつも多数決になってしまいます。そうすると、自分の意見とは違ったものが採用されてしまう子どもが出てしまいますが、その場合、どのような声かけをしていくとよいでしょうか。

また、多数決をできるだけ回避する手立てはあるでしょうか。

一つ確認しておきたいのは、

多数決は、共通理解された民主主義のルール

だということです。多数決を尊重することは、子どものころから教えていくべきだと考えています。また、多数決を否定することは、民主主義を否定することになります。

しかし、最も重要なのは、話し合いのプロセスです。多数決が否定的にとらえられてしまうのは、話し合いが民主的なものになっていないからです。多数決が民主的に行われるためには、多数決に至るまでの話し合いが、民主的に進められているかどうかです。多数決を議論する前に、話し合いのあり方に関心を向けることが大事です。互いに敬意を持った議論を時間いっぱいやったら、潔く多数決をします。そして、その結果を潔く受け入れることを教えていいと思います。

少数派が、多数決を尊重したら、

「たとえ自分の意見と違っても、みんなで決めたことを大事にする姿は、とてもステキだと思いますよ」

などと言って、きちんとそのことを認めるべきです。何度も言いますが、子どもたちは民主的な手続きには、はなはだ準備不足です。人の行動は、評価によって方向づけられます。民主主義を実現するためには、それに乗っ取った態度を教え、それが子どもたちの中に見られたら、正当に評価するべきです。

また、多数派には、常に少数派の存在やその協力があることを自覚させるような声かけをしていくべきだと思います。

「自分たちとは違う意見があったことをいつも意識してね」

などと声をかけていきます。また、子どもたちの中から、

「この前は○○くんたちが、協力してくれたから、今回は○○くんたちの意見でやってみようよ」なんていう声が聞こえてくるクラスになったら最高です。

子どもたちができるかできないかは、子どもたちの実態よりも教師の決断次第

指導する教師が「できる」と思ったら「させる」から「できる」のです。させてみてできなかったら、サポートの方法を考えるというのが現実的です。

Q【多数決を回避したい】

話し合いを指導される先生のお話を聞いていると、「多数決はよくない」「多数決は嫌いだ」とおっしゃる方がいます。多数決はよくないのでしょうか。だとしたら多数決をできるだけ回避する手立てはあるでしょうか。

先ほども述べたように、私は多数決は回避すべきことではないと考えています。もちろん、なんでもかんでもいきなり多数決という事態はよくありません。議論を尽くした上で多数決をします。多数決に破れたときに「潔く負ける」ことを教えるべきだと考えています。

人生の早い段階で、世の中は自分の思いどおりにはならないということを学ぶべきだと考えています。しかし、同時に正しいことをきちんと伝えたら誰かがわかってくれるということも、早い段階で知るべきだと思います。

多数決は民主主義のルールです、忌避すべきものでも回避すべきものでもないというのが基本的な考えです。最も大事なことは、どういう経緯で多数決に至ったかという点と、その多数決をどう受け入れているかという点に教師は関心をもつべきでしょう。

具体的には次のような観点で子どもたちの姿を見ます。

①集団決定に積極的にかかわっているか

・相手の言いたいことを理解しようとしているか。
・自分の言いたいことを適切な方法で伝えているか。
・相手と自分の意見が食い違ったときに合意点を見出そうとしているか。

そのへんをよく見て、できていたらほめます。できていなかったらアドバイスをしてみます。今度はこうやってみよう、とです。

②集団決定を尊重しているか

そして、集団決定後の行動をよく見ます。反対意見だったにもかかわらず、積極的貢献をしている姿を見つけて、集団で、または個人でほめます。「〇〇さんは、この前は違う意見だったけど、ちゃんと決まったことを尊重しているんだね」と、喜びや尊敬を伝えます。

また、少数派が正論を言っているのに、支持されない場合は、学級の風土や人間関係に問題がある

かもしれません。話し合いそのものよりも関係性をもう一度点検する必要があります。話し合いで大切なことは、

対等な関係の構築

です。これは常に子どもに伝えていかねばなりません。

多数決自体はけっして悪いことではありません。「多数決をしてはいけない」という意見を聞くことがありますが、多数決のない民主主義が、現実的に存在するのか疑問です。むしろ、多数決というシステムをきちんと教えることが、子どもに民主主義を教えることになろうかと思います。

ただし、

多数決は、ある意見に対して賛成反対を示すということのみを指すのではなく、その前後の民主制が確保されて初めて機能するシステム

なのです。多数決をどうとらえるかという問題は、教師が民主主義にどう向き合うのかが問われているように思います。

（8）話し合いのなかの教師

Q【教師の出るタイミング】
「子どもに話し合いを任せる」という形でほかの先生に提案すると、「先生が何もしない」ことだと誤解されてしまいます。しかし、教師が何もしないと、かえって子どものなかに権力闘争が起きる場合があります。
初期はとても手間がかかると思います。教師の出るタイミングはどこでしょうか。

おそらく質問者は、子どもたちの話し合い活動を職場で提案したのでしょう。そして、話し合いを活性化させるためには教師は極力出ないほうがいいと助言したのだと思います。しかし、それぞれの先生のクラスの話し合い活動では、教師が出なくてはならない場面で子どもたちに任せっきりだったので、言い争いや声の大きい者による仕切りなど、非民主的なかかわりが生まれてしまったのだろうと想像されます。

優れた話し合い活動が、多くの教師の財産とならなかった一つの理由に、教師の出番や指導内容をきちんと整理してこなかったことが挙げられます。子どもが素晴らしい活動をして、協議会等で「どうしてこういう姿になったのか？」と問われると、謙虚さや奥ゆかしさをよしとする文化の影響でしょうか、「子どもが頑張りました」などの答えがなされるというようなことが繰り返されてきた背景があります。

話し合いの指導において、技術論がきちんと蓄積されてこなかったのです。クラス会議は、民主主義に基づく話し合いです。ですから、民主主義を逸脱した場合が指導の場面です。マニュアルには、問題解決の前段で価値や態度やルールを教えます。これらが、子どもたちの話し合いを民主的に進めるための装置になっています。だから、それらを尊重できなかったり、または、守れないときが教師の出場です。

具体的には、トーキングスティックの約束（それを持っている人しか話すことはできない）、傾聴の態度（聞いていることを態度で示す）、アサーションの態度（相手の感情に配慮した言い方）、ブレインストーミングの約束（①思いついたらどんどん言う、②人の話を最後まで聞く、③人の話はすべて「いいね」とまず受け入れる）などが、守られない場合には、ルールに気づかせたり、場合によっては、話し合いを止めたりします。

また、逆にそれらが守られる適切な行動が見られたときに、それをフィードバックします。

「よく話が聞けていますね」
「うなずきながら聞いている人がいますね」
「いまの言い方、思いやりがありますね」

など、クラス会議を定着させていく段階では、こうした声かけで望ましい行動を強化していきます。

また、最後に「先生の話」を設定しているクラスは多くあると思いますが、そこでは話し合いのなかでよかったところや頑張ったところをフィードバックして、実践への意欲を高めます。あまり深く考えないでいいと思います。「いいと思ったら指摘する、ダメだと思ったら気づかせる」くらいにとらえておきましょう。

教師のやるべきことは、結論的には次のことです。

子どものできないことをやる

それだけです。

ルールを守っていることも守れていないことも、子どもたちは、客観的に見ることができていないことがよくあります。盛り上がってくれば、発言の途中で「でも、それはさあ」とか割り込む発言をしてしまうことはよくあることでしょう。そういうときは、「はい、ちょっと待って。約束守ろう」と言えばいいのです。それができるのは、話し合いが外から見えている教師です。また、共同体感覚を育てるためにやっていると自覚しているのも教師です。

子どもたちの一つ一つの行動を、「お、いまのは、仲間を信頼しているな」とか「誰かに貢献しようとしているな」「協力しようとしているな」と、目的に向かって意味づけることができるのも、最初は教師だけです。教師だけに見えていることがあるので、それを子どもたちの成長につなげるために評価するのです。

一見子どもが自由に話し合っているように見えても、機能的な話し合いであればあるほど、そこには守られているルールや態度があります。そして、そこには、教師の何らかの指導があるはずです。「子どもが頑張ったから」「彼らはとても力があるから」という話を否定するのではありません。だったら、頑張ることができる子どもたち、力のある子どもたちは、何をしたら、こうなったのかをきちんと議論をすべきです。質問者の方はそれがわかっておられるのだろうと思います。

Q【教師の立ち位置・たたずまい】

クラス会議をするときに、教師はどこで何をしていればいいのか悩みます。先生はどの位置にいるのか？　例えば、事務仕事をしているふりをする等の無関係を装うのか？　それともある程度の距離感で聞いているのか？　疑問に思いました。

これは基本的には、教師が決めればいいと思います。ただ、それでは質問に答えていませんので、少し考えを述べたいと思います。先ほども少し触れましたが、話し合いに口を出すにしても出さないにしても、話し合いの最中は、子どもの視界から消えたほうがいいです。

先生が見えてしまうと、先生の表情や雰囲気によって子どもの判断に影響が出ることがあります。あえて影響を及ぼすために視界に入るという作戦をとる先生もいます。クラス会議をこれからつくっていく段階で、望ましい姿、望ましくない姿が見られることでしょう。望ましい姿を強化していくときに、教師が笑顔になったり、深く頷くことの効果を否定しません。また、小学校低学年のような発達段階の場合、教師が輪に一緒に加わって参加することが、子どもたちの安心感につながるようです。

しかし、子どもたちが話し合いに夢中になると、教師だけでなく参観者すら見えなくなるようです。大勢の参観者の視線をものともしないで、堂々と話し合うクラスをいくつも見てきました。

また、話し合いに口を出すなら、決定前です。決定してから口を出すと、「ここまでの話し合いに意味がないじゃないか」と思わせてしまいます。これは、クラス会議でつくりあげているものを教師自ら、壊していることになります。プロセスには口を出しますが、結果には口を出してはいけません。話し合った結果を教師が尊重せずして、子どもが尊重するわけがないからです。

許容できない意見に対しては、

「先生は、いまの意見には賛成できません。○○ということが心配だからです」

というように意見を表明します。しかし、子どもたちが教師の心配を払拭するような代替案を出したら、「なるほど～」と退けばいいと思います。子どもたちとのやりとりを楽しんでみてください。

話し合っているときは、見えるところであれ、見えないところであれ、穏やかな表情で見守るのがいいと思います。

（9）子どもたちの態度

Q【モチベーションの差・私語】
話し合い活動に対する子どもたちのモチベーションの差があります。積極的に言う子どもと、

ずっと意見を言わない子がいます。これは仕方ないのでしょうか。また、私語をどの程度容認したらいいのでしょうか。注意をすると話し合いの雰囲気を壊してしまいそうで心配です。

一人一人の発言量の差があるのは仕方ないことではないでしょうか。その差を少しでも埋めるために、輪番発言のシステムにしています。それに、全員が均等に話していたら収束は難しいでしょう。また、子どもたちが沈黙するにも、メッセージがあります。話す話さないという表面的なことよりも、発言をしない子どものメッセージを読み取りたいところです。話せないのか、話したくないのか。話さない理由をその子どもと話してみるのも選択肢です。発達の問題があるのかもしれません。また、場面恐怖のような心理的な問題があるのかもしれません。さらには、人間関係などの問題があり、クラスが安心できる場になっていないのかもしれません。

また、緊張した状態や発言する内容がない場合は、言いたくても言えません。発言するために、考える時間をとったり、ペア発言やグループ活動を取り入れるなどして、発言の前に一工夫するのも有効です。全体の前では話せないけれど、ペアやグループでなら話せるのは、教科指導でも同じことだと思います。

また、私語にもメッセージがあります。協力的私語か、非協力の意思表示か、習慣の問題か。私は、私語は、ルールの範囲内で容認の立場です。割り込み発言や侵害的な場合は、指導を入れることがあります。

「トーキングスティックを持っている人だけが話せるんだったよね」

「話し合いの約束、なんだっけ？」

「ブレインストーミングのルールを思い出してみて」

などのような言い方をします。注意をするというよりも、ルールを思い出させるような介入をします。

私語と頷きの境界線あたりの発信もあるので、私語をする子どもの意図をまず把握して対処します。

Q【いつもパスする子】
相変わらずパスしかしない子がいるのですが、このまま見守る形でいいのか…悩んでいます。


基本的にはそれでもいいと思うのです。他の教科の時間に発言しているなら問題ないと思います。話したい内容がまだ見つからないかもしれないし、システムに慣れていないのかもしれません。もし、その子が発表したくてもできないと感じていたら、前もって議題を教え、考えさせておくとか、いい気分・感謝・ほめ言葉のところではメモを用意させてもいいと思います。

また、「パスします」とみんなの前で堂々と言えたらそれをほめてあげてもいいと思います。大事なことは発言することよりも、参加することです。その子は一生懸命、聞くことで参加しているかもしれません、考えることで参加しているかもしれません。頷くことで参加しているかもしれません。そうして積極的な姿を見つけてほめてみてはいかがでしょうか。

その子が「パスしかしない」状態にある理由が大事だと思います。何か、環境的にそうした障壁があるならばそれを取り去ってあげればいいと思います。その子の個人的な要因だったら、その子が発言したくなるのを待ってあげてもいいでしょう。

私のクラスに、クラス会議で毎回、毎回パスする子（小四）がいました。日記などを読むと発言したくないようだし、それなりに議題について考えているようでした。でも発言する勇気がちょっと足りないようでした。

その子は、五年生になって授業中によく発言する子になりました。残念ながら私はもう担任ではなかったので、その姿を見ることができませんでした。しかし、彼女の話では、四年生のときもクラス会議などで自分の言いたいことをのびのびと言っている仲間の姿を見て、ずっと憧れていたそうです。理由はさまざまあるでしょうが、大事なことは、五年生のいま、発言することができていて、四年生のときの経験がそのモチベーションの一端になっているということではないでしょうか。

まあ、担任としてはちょっと悔しいですけどね。でも、いいじゃありませんか。その子がいま、充実しているならば。

Q【話の聞き方】

低学年を担任しています。クラス会議を進めるなかで、話し合いの間に他の聞いている子たちが飽きて途中で聞かなくなることがあります。そのときに、私は間に入って「〇〇さんの考えを聞いてね」と言ってしまいます。みんなで考えてほしいので、効果的な教師の働きかけがありま

したら教えていただけないでしょうか。

低学年の子どもが一つの話題に集中することは難しいことかもしれません。焦らず育てることが遠回りのようで近道だろうと思います。いくつか紹介します。

① 最後まで集中して話し合いに参加できた子どもをていねいにほめ続けること。聞いていない子どもに注意を促すよりも長期的に見たら効果的です。

② クラス会議の時間を一単位時間にこだわらないこと。二〇～三〇分くらいで切り上げてはどうでしょう。多くの子どもが集中できる時間に設定して、できたところでほめる。あとは絵本でも読んであげたらどうでしょう。

③ 聞けなくなった子どもがいたら、聞いている子どもをほめたらいいと思います。名前を呼んでほめます。「〇〇さん、友達のお話がしっかり聞けているね」と。匿名ではなく、名前を呼んでほめるのがポイントです。

④ あんまりないとは思いますが、聞けない子どもが多かったときは、「今日はやめよう。お話を聞く準備ができていないからね。聞けるときにしよう」と声をかけてとりやめます。がまんさせて続けると、クラス会議がいやになってしまいます。そちらのデメリットが大きいです。嫌いな活動は、子どもの主体性を引き出しません。

⑤ 午後に設定しない。低学年が集中するならば一時間目、二時間目くらいがいいかもしれません。

学級の状態にもよりますが、午後の実施は避けたほうがいいかもしれません。

話を聞けない子どもたちの場合は、ルールを押しつけるようにして聞き方を訓練するというよりも、話が聞ける環境設定をして、できた子、できている部分を見つけてほめることが効果的です。

(10) 子どもたちへの委任

Q【話し合いの進行など】

小学二年生を担任しています。司会や黒板書記を私がやっているのですが、子どもに任せたほうがより子どもが主体的になるのでしょうか（会議の流れを子どもはわかっています）。

教師が話し合いを進めるよりも、子どもたちが進めたほうが、格段に主体性を発揮するようになります。子どもたちが話し合えるようになってきたら、教師は子どもたちの視界に入らないほうが適切です。

流れをわかっている子どもたちなら任せてよいのではないでしょうか。

ただ、子どもたちの実態は千差万別ですし、それを指導する先生方の力量や考え方も違います。結論は、

子どもたちの実態に合った方法を教師が選ぶ

ようにしたらいいのです。しかし、それではいささか乱暴ですので、目安の姿をお示しします。

小学校一年生では、司会も黒板書記も教師が担当します。一年生の三学期くらいから、司会はマニュアルを渡せば、子どもたちでも進行できます。しかし、黒板書記は、書く技能が追いつかないようですので、教師が担当したほうがスムーズに進むようです。

実態によりますが、小学校低学年くらいだと、司会が子どもたち、板書は教師という場合が多いようです。小学校三年生が、黒板書記を教師と子ども一人か二人と一緒にやっている姿をよく見ます。

小学校四年生くらいになると、ほとんどのクラスで司会も黒板書記も子どもたちに任せて大丈夫なようです。中学校や高等学校の先生は、小学校の先生とは逆に、子どもたちにさせることが当たり前という認識をもたれている方も多くいます。

Q【司会の力量の差】

司会には、教師の手本や簡単なマニュアルをもたせていますが、「意見を束ねる力量」や「意見を束ねるタイミング」に関しては司会の力量の差が出てしまいます。

では、司会の上手な子が担当すれば、いい話し合いになるかというとそうでもありません。

上手な司会（クラスのエースの子が司会）をすると、どうしても中心が司会や議長団になって

しまいます。どうしたらいいのでしょうか。

これまで、子ども同士の話し合いというと、司会の力量が大事だととらえられがちだったのではないでしょうか。しかし、クラス会議で大事なことは、「美しい話し合い」をすることではありません。一回一回の話し合いが、九〇点や一〇〇点でなくていいのです。六〇点から七〇点くらいでいいのです。

そこでは、ときどき驚くようなグッドパフォーマンスが見られることがありますが、それ自体にはあまり意味がないように思います。一回一回の話し合いの出来よりも、クラスの生活が改善されたり、仲間の悩みが解決することのほうが大事です。教師が「いい話し合いだった」と思っても、子どもたちの評価が低いことはよくあることです。クラス会議で大事なことは、

うまく話し合ったかではなく、問題を解決したかどうか

です。

また、クラス会議で大事なことは、司会を育てることではありません。フォロアーを育てることです。人生では「仕切る役」より、「仕切られる」役になることのほうが多いはずです。また、数で言ったら、圧倒的に、後者のほうが多いのです。話し合いを上手に仕切る力よりも、問題の解決のために協力する力のほうが大事です。

私は、司会そのものの育成よりも、司会を助ける子どもの育成を重視しています。司会の子どもには、「困ったらみんなに聞きましょう」と助言します。全員で話し合いをつくりあげるよう子どもに意識づけます。司会に話し合いを進めてもらうのではなく、課題を解決するためにいまできることは何かを考えさせ、行動させます。

また、たくさん発言できる子には、オープンクエスチョンなどの技法で「話を引き出す」ように依頼します。たくさん発言する子より、人の話を引き出すことができる子を育てたいものです。

「〇〇さんの意見、まだ聞いてないから、聞いてみよう」

と言える子を育てたいものです。

Q【司会を誰に任せるか】

九月から（小学三年生）でクラス会議を始めました。四月に学年で学級会を進行する係を置きましょうということで、司会はいつもその係に任せています。

クラス会議は対等な存在であることが前提なので、係任せではなくほかの子（やる気のある子など）に司会を順番に任せたほうがいいのか迷っています。

自治的活動の意味から言えば、司会はボランティアで募集するのがいいでしょう。機械的に輪番などにせず、募集してその子たちに割り振ればいいと思います。

しかし、「小学校学習指導要領解説　特別活動編」には、学級活動の組織について、「役割を輪番制にするなど、特定の児童に偏ることのないよう配慮する」とありますから、クラス会議を学級活動に位置づける場合は、なるべく多くの子どもたちに役割が行き渡るようにする配慮が必要でしょう。

学年の方針だと、なかなか自分の学級だけルールを独自のやり方で実施するのは難しいかもしれません。質問者の学年で、司会係のような担当をつくったのは、子どもたちの実態を反映してのことだと思います。その学校、学年、先生方にはそれぞれの考え方があります。

ただ、「学習指導要領」のように輪番のほうが平等であるという考えから、多くのクラスでは輪番制が採られてきたようです。また一方で、司会を割り振ることが偏りをなくすことに直結するとは限りません。司会、副司会、黒板書記、ノート書記など、いくつか役割があります。子どもたちがそれぞれの力に合った役割を担うことが平等だという考え方も成り立つと思います。いずれにせよ、多くの子が役割を担うことには私も賛成です。自分の学年、クラスにおいて「偏りのない状態」を吟味するといいかと思います。場合によって、学年の先生方に提案してもいいかもしれません。

「うちのクラスでは、司会をやりたい子が他にもいるようで、立候補制でやってみようと思うのですが、いかがでしょうか」

のようにです。正当な理由があれば、提案してみる価値があるのではないでしょうか。

いちばん望ましいと思うのは、

「多くの人がクラス会議の役割を担当するにはどうするか」

などのように、子どもたちが話し合って決められたら最もいいと思います。

ちなみに私は子どもたちに、「輪番制がいいか立候補制がいいか」と聞いたら、立候補がいいと答えたのでそうしていました。

Q【司会の位置】
三六人学級でクラス会議をやっています。輪になったときに、司会がどこの位置で進めていいのかで少し迷っています。顔を見ながら進めたいのですが、いまは輪の外側で黒板係と司会が進めているので、もっとよい方法がないか考えています。

司会も輪の中に入ったほうがいいと思います。もし、低学年なら先生も輪に入って話し合いに参加してもいいです。よくあるスタイルは、輪になって、黒板の前に司会がいるスタイルです。黒板の両端に黒板書記は椅子を持ってきて着席しています。

(11)　効果と可能性

Q【一番の変化】
クラス会議によって、クラスにさまざまな好ましい変化が起こることはなんとなくわかりました。クラス会議で子どもがいちばん変わったことって何ですか。

クラス会議の効果については、ＰａｒｔＩで、全国の実践者の実感を掲載しましたが、実践者としての自分をふり返ったときに最も大きな変化があったのは、自分です。

新採用のころの自分は、日々の授業や学級経営に右往左往していましたが、数年経つとそれなりにふるまうことができるようになりました。しかし、気づくと、子どもたちは、私の顔色をうかがい、何をするにも私の指示や指導を待っているようなところが見られました。私がほめれば喜ぶし、私が叱れば悲しむ。思い上がりかもしれませんが、喜びも悲しみも私次第のようになっていたと思います。子どもたちは、素直なよい子だけれど、自分の生活に責任をもっていないように感じました。

いや、それはクラス会議をするようになったから感じることができたことです。クラス会議を実施するまでは、正直に言って、言いなりになる子どもたちを見て、「いい気分」だったと思います。しかし、クラス会議を実施するようになって、子どもたちが「○○をやりたい」と言いだし、それを実行し、それがうまくいくと本気で喜び、逆にうまくいかないと本気で残念がる姿を見て、彼らが、学校生活を

自分の時間として生きている

と感じるようになりました。

クラス会議を実施していたある年の最後に書いたある子（小三）のコメントです。

ぼくは、この一年間はとてもよかったと思います。けんかなどあったけど、努力してかべを乗りこえてきたから、これだけ成長したと思います。また、みんなときついことを乗りこえていきたいです。そうするときっといいことがあるとぼくは信じています。また、今度もみんなと三年一組レンジャー（クラスのニックネーム）としてやるべきことをやっていきたいと思います。

みんなとはあと一年あるけれど、先生はこの一年間だと思うので、他のクラスになってもがんばってください。ぼくは、おうえんしています。四年生になるとみんなはきっと成長していると思います。ぼくはこの一年間、みんながそばにいる気がしました。みんなはぼくを元気づけてくれました、それでぼくは、やる気が出ました。どんなときもみんながそばにいてくれると信じています。三年一組レンジャーが大切だと心の中でいつも思っています。

このクラスでは、実にたくさんのトラブルがありました。そのたびに解決策を子どもたちと話し合ってきました。それらのことを自分ごととしてとらえ、自ら解決しようとする姿に、生活者としての責任感を感じます。また、そこに明るい展望をもっていることに力強さを感じます。

また、彼が、「みんな」を意識して生活していることがわかります。そして、その仲間が自分を支えてくれる味方になっていることを自覚しています。それが、彼に成長のエネルギーを与えていることがわかります。

クラス会議に継続して取り組むことで、群れから集団に変貌するクラスを目の当たりにしました。そして、そこで、生活者として力強く成長する個の姿も目にしました。しかし、最も変わったのは自分です。自分が力をふり回し、子どもたちを支配することの愚かさを知り、そして、子どもたちのもっているすさまじい力に気づき、彼らを信じることができるようになりました。

Q【自治的な学級の実現】
「自治的なクラスにしたい」「担任がいなくてもうまくやっていけるクラスにしたい」という理想はありながら、できていない反省があります。どのようにしたら、そのようなクラスになるのでしょうか。

ご存知のように、学級集団の成立は、一朝一夕にはいきません。学級集団の成長には、五段階あると河村茂雄氏は言います。*1

第一段階　混沌・緊張期
第二段階　小集団成立期
第三段階　中集団成立期
第四段階　大集団成立期
第五段階　自治的集団成立期

このように、どれくらいの子どもたちが一緒に活動できるかで、学級の成長段階が設定されています。

まず、安心感を育てて、ペアやグループの小集団で活動できるようにして、だんだんとその数を増やす。しかし、これを第一段階から育てていくと途方もない時間がかかることでしょう。それに、この五段階と四段階の間には、大きな「飛躍」があると考えています。それは、

主体性の壁

です。教師がさまざまな活動をしかけていくことで、第四段階までいくことでしょう。しかし、第一段階から第四段階まで進んだようには第五段階には移行しません。第五段階は、子どもたちの主体性によって組み立てられた集団だからです。子どもたちの主体性は、第四段階まで育てたときに自然に発動するものではありません。

主体性に基づく集団を教師が集団づくりの初期の段階で構想せず、教師の指導性だけで集団づくりを進めていると第四段階で止まってしまうことが起こります。第四段階から第五段階に向かう具体的方法論が実はあまり整備されていないと見ています。クラス会議はその「飛躍」を実現する一つの方法だと考えています。

クラス会議は、最初から第五段階を想定して学級集団を育てるプログラムです。子どもたちが主体性を発動するためには、何から取り組んでいけばいいのか、何を教えて、どんなことを体験させればいいのかが段階的に示されています。

自治的な学級を実現するためには、自治的学級の子どもたちがやっているようなことに取り組んでいけばいいのです。自治的な学級が取り組んでいること、それは、

クラスの問題の解決と仲間同士の助け合い

です。

そこでは、ルールとあたたかさに支えられた信頼関係に基づく人間関係をリソースにして、子どもたちが日々、助け合いながら問題解決を展開しています。

⑿ 成功の鍵

Q【うまく実施するコツ】

クラス会議は、効果的だと言っても、ただやれば成功するとは思いません。みんなが対等で、このクラスが嬉しい！と思ってくれるようなクラス会議にするにはどうしたらいいでしょうか。

前の質問にもかかわりますが、困った問題が起こったときだけ話し合いをしているクラスはけっこうあると聞きます。ただ、先ほどの質問者のように、定常的に話し合う時間をもっておられるだけで

もかなり素晴らしいと思います。

ただ、困っていることを話し合う時間は、どうしてもネガティブな雰囲気になりがちです。子どもはネガティブに向き合うことが苦手です。ポジティブさに支えられないとネガティブに向き合うことは難しいです。だから、「困ったこと」と話題を限定しないで、お楽しみ会の計画などどんどん楽しいことの計画をさせていったらいいでしょう。また、困ったことが解決してうまくいく、というのもポジティブな雰囲気をつくります。まずはあんまり話し合いの細かいところにこだわらず、

話し合ったら行動する

このサイクルをつくりだすことです。そして、成功体験を積むことで学級にポジティブ体験を創出するようにします。

ポジティブ体験とネガティブ体験がおよそ、3対1（経験則です）になると（話し合った結果うまくいくことが3に対し失敗することが1です）話し合いを喜ぶようになります。ポジティブ比が上がってくれば、間違いなく話し合いに対する参加率が上がります。競って司会グループに立候補するようになるでしょう。子どもは、あきらめるのも早いですが、希望をもつのもけっこう早いです。

気をつけなくてはいけないのは、失敗体験が0でいいかというと、0ではダメなのです。失敗体験0は、マンネリや形骸化を生む要因となります。だから、「晴れときどき雨」のように、「成功ときどき失敗」くらいの学級が成長する学級です。その比率が3対1です。3対1を下らないようにします。

成功体験の比率が落ちると話し合いは停滞し、参加率が落ちてきます。

一方で、成功体験が続きすぎたら「危険」だと思える担任は、かなりセンスのある方です。成功の鍵は、話し合いの完成度にこだわらないことです。話し合ったら、まずやってみる、そしてうまくいかなかったら、また話し合ってチャレンジするという流れをクラスに定着させることです。

Q【実施のサイクル】

クラス会議をやるにはやっていましたが、一か月に一回ほど、不定期に子どもたちで行っていました。不定期の実施ではいけないのでしょうか。

実施しないよりも実施したほうがいいでしょう。しかし、クラス会議は、連続性が保証されたときにその効果を発揮します。システム的に安定していることが、子どもたちのクラス会議への信頼度を高めます。

① **実施しない**
② **不定期に実施する**
③ **一か月、二週間に一度程度実施する**
④ **一週間に一度実施する**
⑤ **毎日実施する**

クラス会議に対する実践者の態度はさまざまです。②の不定期の実施の場合、困ったことが起こったときだけ実施することの問題は、先ほど述べました。議題は何であれ、不定期の場合に効果が挙がらないのは、システムとしての安定性を欠くからです。

クラス会議は定常的に話し合うから、子どもたちは、そこに議題を出そうと思うわけです。議題を出したはいいが、いつ話し合われるのかわからないというのでは、子どもたちはそこに頼ろうとすることはしません。ましてや、悩み事や困り事を相談するのは勇気のいることです。定期的に実施するからこそ、子どもたちは安心感をもってそこにかかわろうとします。

したがって、②より、③、③より④、④より⑤というように効果的になると考えられます。しかし、頻度が高くなればなるほど、時間の確保が難しくなります。学校のカリキュラムの実態を効果に勘案して実施サイクルを決めるのがいいでしょう。

Q【全校に広める】

そんなに効果があるのならば、全校で取り組みたいです。クラス会議を学校全体に広めるには、何かいい方法がありますか。

校内研究でテーマとして取り扱われるのがいちばん早いです。いくつかの学校がすでにそれに取り組み、大きな成果を挙げています。しかし、そうした全校体制で取り組めるのは、限られた学校です。そうではない場合は、

①地道に実践を積み上げること
②興味をもち、賛同する先生方と一緒に取り組むこと
③自主授業参観を呼びかけること
（①がないと、②も③も機能しません。）

などが考えられます。

しかし、いきなり広めようとか知らしめようとかしないほうがいいと思います。こうした実践は必要性を感じていない方には、「厄介事」でしかありません。やりたくないことや興味のないことを勧められることは苦痛以外の何ものでもないでしょう。

まずは、自分のクラスでしっかりと実践し、子どもたちの姿で確かな事実を示し、周囲の先生方から興味をもっていただき、そのなかから一緒にやってくださる方に声をかけてともに取り組めばよろしいかと思います。チャンスがきたら、授業を公開して、少し多くの方に知っていただいたらいいと思います。

Q【これまで話し合い活動をしてきているクラスに】

子どもたちは五年生になるまで学活を自分たちでしたことがない…と言っていました。私が「自分たちで学活を運営したくないの？」と問いかけ、「やりたいやりたい!!」と言って子どもた

ちなりに学活の運営を試行錯誤している途中です。先日のハロウィンパーティは私の予想を超える盛大なもので、陰で支えてくださっていたお母さん一名がビデオに撮ってくださり、他のお母さんに呼びかけて上映会をクラスのお母さんたちで企画してくださるなど、おうちの方も巻き込んでいい雰囲気となっています。

やっとここで質問です。これまで彼らが彼らなりの方法で試している「話し合い」の方法を、変更することも可能なのですが、流れをまたこの時期からおろし直すことに少しためらいがあります。そのまま見守るべきか、方法を提案すべきか、アドバイスがいただけたら幸いです。

質問者はすでに、ステキな実践を積まれています。クラス会議を学んだので、いまからクラス会議の形にしたほうがいいのか、それともいままでどおりの姿でいいのかという質問です。

もう答えは出ているのではないでしょうか。学級に、話し合い、実践、ふり返りのサイクルができていれば、「形」にこだわることはありません。私が示したプログラムは、一つのひな形にすぎません。方法論に絶対なものはないと思います。大事なことはそこで学ぶ、「価値」であり、「態度」であり、「スキル」です。もし、いまのまま話し合いをつなげて、子どもたちの共同体感覚が育つのであれば、それを続けるべきです。

もし、この先不具合が出てきたときに、「こんな方法もあるよ」と代替案を示すような方向でいいのでは思います。プログラムは、自転車の補助輪です。いずれはなくなったほうがいいのです。「輪になる」「コンプリメント」「前回の解決策のふり返り」なんて構えなくても、問題が起こったら、

「ちょっと話し合おうよ」

と言って、話し合えることが最も大事なことだと思います。

(13) 失敗や限界、心配

Q【失敗】
話し合いやクラス会議をやると子どもが変わる、子どもたちにとって必要なものである、というのはとてもよくわかっていますが、もし、デメリットや失敗談(苦労話)などがあれば、それも取り入れる参考になると思っています。教えていただけると嬉しいです。

クラス会議がうまく機能しない例として、

① 議題が集まらない
② 子どもが意見を言わない
③ 決めたルールが守られない

などなど挙げればきりがありません。ここまで答えた質問は、多かれ少なかれ失敗や不具合がその背景にあろうかと思います。

しかし、クラス会議は試行錯誤の取り組みですから、失敗や不具合こそクラス会議を進化させるチャンスです。

議題が集まらなかったら、アンケートにしてみる。

意見を言わないなら、小グループ編成にする。

ルールを守らなかったら、守れるルールを設定する。

うまくいかないからこそ、不具合があるからこそ、それを克服するためにクラス会議が成り立つだろうと思います。クラス会議を導入するかどうかが大事なのではなく、クラス会議でどういうクラスをつくるかが大事なのだろうと思います。

Q【限界】
クラス会議に関する情報を知れば知るほど、クラス会議は万能だと思ってしまいます。一方で、「そんなバカな」と思う部分もあります。クラス会議に限界を感じたことはありますか。

これは一人一人の実践者の実感の問題だろうと思います。また、何をもって限界とするかによっても違うかもしれません。クラス会議もクラスを育てる一方法です。完璧な方法論などないと思いますので、おそらく課題は多くあろうかと思います。

クラス会議をやったが意見が出ない、子どもたちが話を聞かない、決めたことを守らない、そもそも子どもたちがクラス会議をやりたがらない…などなど挙げればきりがありません。クラス会議は、子どもたちの主体性に依存している活動です。教師の力だけでうまくやれるというものではありません。

しかし、結論から言うと、「なかった」です。というと、クラス会議について盲目になっているようにとらえられるかもしれませんが、そうではありません。壁があったら、それを克服するように工夫してきたからです。子どもたちが意見を言わなかったら、前もって議題を知らせ、意見を書かせておく、話を聞かなかったら、繰り返し繰り返し聞き方の習慣形成を図る、決めたことを守らないなら、守るまで話し合い、チャレンジを続ける、クラス会議をやりたがらなかったら、形にこだわらず、教師主導で問題解決の経験を積むなど、これを繰り返してきたからです。うまくいかないときは、実践が進化するチャンスなのです。

うまくいかなかったら、うまくいくために工夫をする

クラス会議は、同じ実践者でも、子どもたちが違えば、その成長の道筋は違ったものになります。したがって、ゴールの姿も違います。それに、クラス会議は、子どもたちが話し合いながらクラスのあり方を決めていく実践ですから、「完成形」が何かもよくわからないのが本当のところです。理想の社会と言いながら、その理想の社会を誰もが見たことがないように、理想のクラスなどは、教師の成長によって、いくらでも変わるものだと思います。

クラス会議における子どもたちの成長は、決められた器に水を注ぐようなものではありません。水を注ぎながら、その器すら大きくしていくようなものです。クラス会議は万能薬ではありません。し

かし、その効果の限界が計り知れないのも事実だと思っています。

Q【心配なこと】

クラス会議に優れた効果が期待できることはわかりました。でも、自分たちで課題を見つけ、解決する活動を繰り返した子どもたちが、次の学年に上がったとき、つまりそういうことをしない担任にもたれたときに「不適応を起こさないか?」と心配になります。どう思いますか。

すごくまとまりのあったクラスが、担任が替わった途端に荒れる現象は小学校で特によく見られるようです。「進級したときに不適応を起こさないか」という問題は、クラス会議の問題ではなく、全教師が本気で考えなくてはならないことだと思います。

次の年のことは次の担任が責任をもてばいい、という考え方もあるでしょう。一面は真理でしょうが、それだけではダメだと思います。「進級しても荒れないクラスにする」ことを想定して学級をつくることが大前提だと思います。自治的活動は、まさにそうした集団をつくるために必要な教育活動だと考えています。それ以外でどうやって育てるのか、答えが見つかるでしょうか。

次のエピソードを寄せてくださった先生がいます。この質問の答えになっているように思います。紹介させていただきます。

昨年度受け持っていた学級で三学期からクラス会議を始めました。「こういうものだよ」という意味を私なりに話し、話し合いの形（輪）をつくったり、最初だけ指示して、あとは手放しました。でも、その後、自分たちで議題用紙をつくったり、議題を決めて話し合いを実行したりし始めました。意味づけをしっかりしておけば、あとは子どもたちが動かせるかもしれないと思いました。その子たちは五年生になりましたが、新しいクラスやメンバーでクラス会議を行っていると聞いています。とても楽しそうに報告してくれるので、自分たちで何かをつくっている実感があるのだろうと思います。

かえって私が出すぎないほうがよかったんだと思います。

自分たちの生活は自分たちでつくる、という気概が、子どもの姿から伝わってきます。このお話をくださった先生がしっかりと学級をつくっていたからでしょうし、また、次の担任の先生もその力をしっかりと伸ばしてくれたからと考えられます。こうしたことを標準装備した子ども集団は、多少の荒れにはびくともしない、そう感じるのは私だけでしょうか。

⒁ 学級活動で実施する

Q 【学級活動との兼ね合い】
クラス会議は、学級活動の話し合い活動と似ていると感じていますが、一方で、クラス会議は

学級活動ではないという話も聞くことがあります。クラス会議を学級活動で実施できるのでしょうか。

クラス会議を学級活動で実施する場合は、当然のことながら「学習指導要領」に則った実施が求められます。

結論から言うと、学級活動においてクラス会議は実施可能です。

こうした質問は、小学校の先生方から寄せられる場合がほとんどなので、小学校を例にしてお答えします。

「小学校学習指導要領解説　特別活動編」では、ご存知のように、いずれの学年でも学級活動で取り扱う内容を〔共通事項〕として、「(1)　学級や学校の生活づくり」「(2)　日常の生活や学習への適応及び健康安全」があります。

(1)　は、「教師の適切な指導の下に、児童自らが楽しく充実した学級や学校の生活をつくっていくこと」を内容としています。取り上げる内容として、「一人一人が心掛ければ解決する問題ではなく、学級の児童全員が協力して取り組まなければ解決できない問題」を扱います。こうしたことから、「学級会」と呼ばれる話し合い活動で、集団決定をすることがその主な活動とされてきました。クラス会議でも、クラスのルールを決めたり、お楽しみ会の計画をしたりするなど自分たちの生活の向上のために集団決定をします。

また、学級活動には、前述したような望ましくない議題例もあります。そのへんのことを配慮して、議題を選定すれば（1）の学級活動の話し合いをクラス会議として実施してもなんら問題がないでしょう。

クラス会議は、子どもたちのナマの議題をそのまま話し合うから、教育的ではない議題が出ることもある、また、計画委員会などを開いていないから、不適切な議題が出ることもあるからダメだと言われることもありますが、「学習指導要領」上は、「教師の適切な指導の下」と書かれてはいますが、「計画委員会を開くべし」とは書いてありません。計画委員会はあくまでも一つの通り道です。不適切な議題を選ばないための装置です。教師が事前に議題をチェックしたり、子どもたちと事前に議題を見て話し合うべき議題を決めればいいでしょう。

大事なことは、話し合いとして適切な議題が選ばれることであり、議題が選ばれる手続きの問題ではないはずです。

また、クラス会議では、学級活動の（1）だけでなく、（2）もできると考えています。（2）は、「学習指導要領」では「日常の生活や学習への適応及び健康や安全に関するもので、児童に共通した問題であるが、個々に応じて実践されるものである」と書かれてます。一般的に、（2）の展開として見られる授業の展開は、次のようなものです。[*2]

① 教師から提示された問題を自分の課題として受け止める
② 原因を追及し、解決の意識を高める
③ 解決方法を話し合いを通して考える

④　自己の努力目標を決める（自己決定）

とあります。これは集団決定ではなく、自己決定です。クラス会議でも個人の悩み事などは、自己決定になります。よくあるクラス会議の悩み事解決の流れです。

①議題（悩み事）の提案

（例）朝起きられなくて困っている。

②解決策の提案

（例）・目覚ましを二個用意する。

・家族に起こしてもらう。

・早寝をする。

③解決策の選択（提案者の自己決定）

クラス会議は、学級活動のみで実施することを想定していませんから、若干は違います。日常の問題を子どもたちの話し合いにより、解決策を見つけ、最後に自己決定する展開は似ています。

もし、学級活動で実施する場合は、議題は子どもたちの比較的多くが悩んでいる困り事を取り上げるといいでしょう。この時点で、教師による判断や内容の構成が加わることになります。また、議題の提案のところで、「どうして朝、起きられないんだろうね」などと問いかけることにより、原因の追及がなされることでしょう。解決策の提案から自己決定までの流れは、説明の必要がないでしょう。ただし、学級活動の場合は、最後に全員が自己決定をするのかもしれません。最後に、

「提案者の○○さんは、〜するという方法を選びましたが、自分だったらどうしますか。シートに書きましょう」

などの、活動を加えてもいいかもしれません。

クラス会議でそのようなことをすべきだと言っているのではありません。あくまでも学級活動で実施する場合のことを想定しての話です。

展開の次に問題になるのは内容のことですが、「学習指導要領」の（2）には次のような内容があります。

ア　希望や目標をもって生きる態度の形成
イ　基本的な生活習慣の形成
ウ　望ましい人間関係の形成
エ　清掃などの当番活動等の役割と働くことの意義の理解
オ　学校図書館の利用
カ　心身ともに健康で安全な生活態度の形成
キ　食育の観点を踏まえた学校給食と望ましい食習慣の形成

全部とは言いませんが、これらにかかわるような議題は出てきます。子どもたちの生活上の悩み事をよく把握されている先生方なら、「あるある」というものが多く見つかりませんか。

例えばアには、「学校生活への希望や願い」「日常生活での目標設定」「不安や悩みの解消」などを扱うとされています。「遊びに入れてもらえなかった、どうしたらいいか」「マラソン大会の練習が嫌にならないためにはどうしたらいいか」こうした悩みを取り扱うことで、「学習指導要領」上の内容を複合的に扱うことができます。

「学習指導要領」は、原則を書いたもので方法論を規定しているわけではありません。原則を尊重した上で、実践者の創意工夫次第で、いくらでも実践することは可能なはずです。

＊1　河村茂雄『日本の学級集団と学級経営――集団の教育力を生かす学級システムの原理と展望』図書文化社、二〇一〇年

＊2　文部科学省／国立教育政策研究所教育課程研究センター『特別活動指導資料　楽しく豊かな学級・学校生活をつくる特別活動（小学校編）』二〇一四年

おわりに

「クラス会議をやってみたいけどやり方がわからない」

という声にお答えして、前著『赤坂版「クラス会議」完全マニュアル——人とつながって生きる子どもを育てる』を書かせていただきました。

話し合いをマニュアル化することに抵抗はありましたが、いくら意味がわかっても方法がわからないと取り組めません。クラス会議を実践したい先生方の最初の一歩にしていただくために、方法の部分を前面に出して書きました。

しかし、読者のみなさんはとても鋭くて、私の執筆意図をしっかりと見抜いて読んでくださった方もいたようです。

「マニュアルと書いてありますが、単なるマニュアルではありませんね。書いてあることは、集団の育て方であり、学級経営の考え方ですね」

といった反応を多くいただきました。まさに「わが意を得たり」の気持ちで嬉しくお聞きしました。

その一方で、「マニュアル」として活用して成果を挙げた方もいます。ちょうど昨日、こんなお話をお聞きしました。

ある先生が、学級崩壊状態のクラス（小学校）を担任することになり、目の前が真っ暗になったが、前著を手に、隅から隅まで追実践をしたそうです。すると、みるみるクラスは立ち直り、クラス会議のもつ力のすさまじさを実感したとのことです。

いささか〝できすぎ〟の話のような気がしますが、おそらくこの先生は、マニュアルとして活用しながら、「なぜこれをするのだろうか」とその意味に立ち返っていたのだと思います。意味がわかると応用が利きます。クラス会議の考え方を理解すると、それはさまざまな場面で教師の立ち居ふるまいに表れて影響力を発揮するようになります。指導の効果を高めるには、その考え方を理解することです。

本書では、前著で書き切れなかった考え方の部分に焦点を当てて書きました。クラス会議では、子どもたちが幸せに生きるための多様な価値、態度、スキルを伝えます。それにどういう意味があるのかを、さらに詳しく書きました。活動しながら、繰り返し繰り返し子どもたちに語っていただければと思います。

さて、本書は私としては異例なくらい楽しく書かせていただきました。それは、執筆を支える多くのクラス会議実践者と、書きながらわくわくするようなやりとりをしながら作業を進めることができたからです。執筆に際し、重要な示唆をたくさんいただきました。特に、蜂谷太朗先生、弥延浩史先生、高橋亮太先生、近藤佳織先生には、本書の方向性を示していただきました。心から感謝いたします。

また、私の講座にもおいでくださり、クラス会議を勉強した上で、こうした書籍を出してくださるほんの森出版の兼弘陽子さんには前著に続き本当にお世話になりました。

本書が子どもたちの幸せに生きる力の育成に寄与されることを願ってやみません。

二〇一五年一一月

赤坂　真二

〈著者紹介〉

赤坂　真二（あかさか　しんじ）

上越教育大学教育実践高度化専攻（教職大学院）教授。学校心理士。

1965年新潟県生まれ。2003年上越教育大学大学院修士課程修了。

19年間の小学校勤務を経て、2008年４月より現職。

教員養成にかかわる一方で、「現場の教師を元気にしたい」と、執筆や全国での講演活動を行う。

主な著書に、『○×イラストでわかる！　小学校高学年女子の指導』（学陽書房、2015年）、『クラスを最高の雰囲気にする！　目的別学級ゲーム＆ワーク50』（明治図書、2015年）、『赤坂版「クラス会議」完全マニュアル』（ほんの森出版、2014年）、『ほめる叱る　教師の考え方と技術』（ほんの森出版、2013年）、『スペシャリスト直伝！　学級づくり成功の極意』（明治図書、2011年）、『教室に安心感をつくる　勇気づけの学級づくり２』（ほんの森出版、2010年）、『先生のためのアドラー心理学　勇気づけの学級づくり』（ほんの森出版、2009年）他多数。

赤坂版「クラス会議」バージョンアップガイド
みんなの思いがクラスをつくる！

2016年１月20日　初版発行

著　者　赤坂　真二
発行人　小林　敏史
発行所　ほんの森出版株式会社
〒145-0062　東京都大田区北千束3-16-11
☎　03-5754-3346　　FAX　03-5918-8146
ホームページ　http://www.honnomori.co.jp

印刷・製本所　研友社印刷株式会社